当代杂文名家书系

清风云语

赵青云 著

群众出版社

·北京·

图书在版编目（CIP）数据

清风云语 / 赵青云著. — 北京：群众出版社，2015.10
（当代杂文名家书系）
ISBN 978-7-5014-5423-5
Ⅰ.①清… Ⅱ.①赵… Ⅲ.①杂文集—中国—当代 Ⅳ.①I267.1
中国版本图书馆CIP数据核字（2015）第244224号

当代杂文名家书系

清风云语

赵青云　著

出版发行：群众出版社
地　　址：北京市西城区木樨地南里
邮政编码：100038
经　　销：新华书店
印　　刷：北京普瑞德印刷厂

版　　次：2015年11月第1版
印　　次：2016年6月第2次
印　　张：8.5
开　　本：880毫米×1230毫米 1/32
字　　数：182千字

书　　号：ISBN 978-7-5014-5423-5
定　　价：30.00元

网　　址：www.qzcbs.com
电子邮箱：qzcbs@sohu.com

营销中心电话：010-83903254
读者服务部电话（门市）：010-83903257
警官读者俱乐部电话（网购、邮购）：010-83903253
公安综合分社电话：010-83901870

思想不灭　杂文不死　希望常在

（总　序）

朱铁志
《求是》杂志副总编

在群众出版社出版的“当代杂文名家书系”中，八位同行的作品名列其中。老友阮直兄嘱我写一点感想作为总序，犹豫再三，还是从命了。之所以犹豫，一是因为近年来工作繁忙，对杂文创作的整体情况缺乏应有的调查研究，所知有限，没有多少发言权；二是对于八位作者的了解不均衡，有的熟悉一些，有的不那么熟悉，缺乏知人论世的先决条件；三是对自己的判断能力越来越不自信：真理的相对性和判断的绝对性是一对矛盾，私心以为一孔之见的东西，别人看来可能一文不值，所以聪明人通常是谨慎而沉默的。好在我并不聪明，又兼八位作者的作品摆在那里，“鸡蛋”的味道如何，自可仔细品评，未必非要拜见“母鸡”。借用国庆长假，清茶一杯，拜读佳作，也不失为一桩美事。何况我之所以斗胆作序并不是自认有资格，而是因为崇尚独立人格、独立思考、独特表达，是因为推崇自由之精神、独立之思想。在八位作者身上，我不同程度地发现了这种“三独”气质，看到了流淌在他们文字间的杂文精神，禁不住引为同道。尽管并不完全赞同他们的所有观点，但这似乎不至于成为我们彼此疏远的原因。君子和而不同，本是同志之道；杂文作者之间，更应具有求同存异的雅量、欣赏“异己”的胸怀。

有人说网络时代是杂文式微的时代，也有人说杂文已死，杂文家已亡，蕴含其间的悲愤与无奈不难体会。这样的说法，一方面道出了事实真相，即传统的、主要活跃于报纸副刊的杂文确实呈现出衰微的景象，与报刊发行量、广告量双双走低的整体趋势高度契合。另一方面，互联网特别是移动客户端的迅猛发展，从技术层面为人们的自由表达预留了巨大空间、创造了极大可能。一批思想深邃、材料丰富、文笔犀利的网络杂文异军突起，大有取代传统报刊杂文的态势，让习惯了在报刊园地挥洒的传统杂文家一时不知如何掌握文章分寸，妥善把持杂文的“度”，变得像个“足将进而趑趄，口将言而嗫嚅”的“小脚女人”。从这个意义上说，杂文似乎确已式微、杂文家确乎半死不活了。

然而，这不过是事物的表象而已。如果把目光从报刊“花边文学”中稍稍移开一点，放眼“海量信息、实时更新、双向互动”的网络空间，就不得不承认，杂文非但没有死，反而以更加健朗的姿态、更加犀利的锋芒、更加多变的样式在更广阔的空间复活了。如果说传统杂文属于“小众写作”，门槛相对较高，那么如今的网络写作则是典型的“众声沸腾”、“百花齐放、百家争鸣”。人民群众的知情权、表达权、监督权从未像今天这样得以充分体现。一个有出息、有抱负的杂文家，不必和“评论”争短长，无须抱怨网络抢了饭碗，应该从传统报纸副刊的小天地里杀将出来，努力使自己成为评论写作、杂文创作、网络耕作的“三栖动物”，竭尽全力干好自己手中的活计就是了。本丛书的八位作者身份不同、年龄各异，既有我的前辈，也有我的同代人，更有风华正茂的七零后、八零后。他们没有止步于传统报刊，而是潇洒游走于实体报刊和虚拟空间两大地带，成为广受关注的杂文作者。

赵相如老师早年供职于《人民日报》，如今主持《华商汇》及其副刊的笔政，无论从事意识形态色彩很重的党报工作，还是主办民间刊物，都兢兢业业、一丝不苟，干得风生水起、异彩纷呈。作为杂文界的前辈，赵老师不仅几十年笔耕不辍、佳作迭出，而且在自己主持的园地里团结培养了一大批优秀作者，使《华商汇》成为一块全国为数不多的杂文热土。丰富的阅历、渊博的学识、勤奋的笔耕，使他的杂文干净清爽、老辣纯熟、绵里藏针，具有娓娓道来、从容不迫的美学气质。赵老师的杂文，极少有华美的词句、华丽的铺排，更没有华而不实的装腔作势。他的言说，倒像是阅尽世事沧桑的智者与后生秉烛夜谈，说的都是家常话，道的却是人间至真的情与理。

郭兴文先生长我几岁，属于同代人。但在我心目中，他早已是闻名遐迩、功成名就的大家了。郭兴文先生生长于人文传统深厚的陕西，大学时专攻文史，毕业后长期供职于《西安日报》，写新闻、办副刊、搞研究，样样涉猎，均有所成，著述颇丰，曾获韬奋新闻奖等百余奖项。深厚的文史功底使他的杂文具有浓郁的书卷气，他常将笔触伸向时间深处，在泛黄的书卷中寻找古为今用的资源，自如游走于古今之间，见人所未见，发人所未发。

我与阮直兄相识多年，时有沟通，是无话不说的老朋友。文人间的友谊少不了以文相识、以文相交、以文相敬。除了思想观点、审美趣味的契合，更兼声气相投、性格暗合。阮直兄，原名刘永平，从内蒙古到广西北海，一路南下，不仅将大嗓门喊到了南方，也把杂文之火烧到了那里。说到他的杂文创作，不能不提他对整个杂文文坛的贡献。他所主持的《北海日报》《北海晚报》是编发杂文颇多的地方报纸。熟悉如今杂文创作生态的朋友不难明白，这是多么不易。不仅如此，他还常常向各省市报刊毫无保留地推荐作者，许多知名和不知名的作者经他推荐走了上杂文创作的道路。他的古道热肠，是被朋友广为称道的。阮直的杂文创作带有鲜明的文学色彩，他始终把杂文作为文学的一个分支来经营，不屑于平铺直叙的所谓“直抒胸臆”。他的创作善于从细节出发，透过具象的观察得出宏大的结论，善于将理性的思考投注到感性形象的描摹之中。他创作的最大特点是幽默机智。机智来源于博学基础上的顿悟，而幽默不仅有先天性格的优势，更是一种智力的优越，这就难怪他的杂文常有一些奇妙的构思让人拍案叫绝。

熟悉赵青云的名字，始于赵相如老师主编的《华商汇》。因为常在其中的“社情杂思”栏目中碰面，由知其文而知其人，逐渐成了朋友。在我看来，青云近乎全才：头顶复旦大学哲学博士学位，担任宁波海事局的主要领导，能文擅画，又有一手专业水准的篆刻技术。更为难得的是，他并不恃才傲物，为人极其谦和朴实，不失文人本色。他的杂文多从现实中来，重实际、接地气，具有浓郁的生活气息。在朴素的文字背后，常有奇思妙想；在平和的表达之下，蕴藏尖锐的批评。

本套丛书的一大特色是八位作者中有四位女将。这里单独强调杂文作者的性别，绝无性别歧视的意味，而是因为杂文这种特殊的文体似乎男性更加青睐，与男人性格更加契合。虽然这并非绝对真理，但证诸以往的杂文创作，却是不争的事实。以我十分有限的阅读经历，发现活跃或曾经活跃在当代文坛的杂文女作者实在有限，二十一世纪以来活跃的杂文女作者似乎更少。

多年前认识孔曦，有过两面之缘，也读过她的一些作品，算是老朋友了。孔曦的经历比较丰富，工学出身，做过技术员，当过刑事技术讲师，后从事报纸编辑工作，已有多部杂文随笔集出版。读女作者的作品，往往不自觉地有“女性写作”的先入观念作祟。然而我看了孔曦近期的创作以后，却吃惊地发现她现在的创作充满了男性作者也未必具有的阳刚之气。其思想之刚健、行文之果决、论断之坚硬，都让我对这位上海女人另眼相看。

至于高伟，说来有趣，我是通过她行走天下的儿子认识她的。那个大三男孩独步青藏高原，不仅用自己的脚步丈量天有多高、地有多阔、人能走多远，而且洋洋洒洒写下了几十万字的游记，这在如今的独生子女当中实在不多见。我很好奇，这么好的孩子背后一定站着一位了不起的妈妈吧？是的，高伟便是。高伟系作家、诗人出身，博览群书带来的通达灵动，加上小说家细致入微的刻画描写，使她的杂文随笔带有一种作家气质。透过她文中涉猎的阅读范围，我也明白了她教子有方的内在秘密。高伟的杂文最为可贵的一点是她在针砭时弊的同时，常常毫不留情地解剖自己。女性的直觉一旦上升到哲学的高度，就很可能产生一种令人悚然而惊的力量和震撼。这个“一生只向真理低头”的快乐女子，善于把打击自己的力量当作自己的力量，因而具有双倍的力量。

马亚丽的名字并不陌生，从《杂文四重奏》中就已知道。作为东北老乡，我对马亚丽有一种天然的亲近感。她曾经做过环卫工人、绿化工人的经历，尤其让我肃然起敬。有人说杂文的门槛比较低，似乎谁都可以写，我完全不认同这样的说法。对于蹩脚的创作而言，小说、诗歌、散文，甚至所谓学术论文的门槛都不高，谁都可以操持，但结果却有天壤之别。流在血管中的是血，流在下水道里的只能是污水。马亚丽用自己的勤奋和才华，不仅改变了自身的命运，而且将作品刊发于全国各大媒体。她的创作徜徉于古今之间，善于从时间深处钩沉掌故，挥洒哲思。有人说她是“女子文学”中一枝挺立的奇葩，有侠骨剑气之勇、翠竹红梅之美、凌霜傲雪之姿。其文风俏皮流丽、峻拔犀利，融说理、言事、抒情于一炉，于荒唐中见真情，于幽默中寓深意。

林永芳的存在是我孤陋寡闻最有力的证据。在八位作者当中，林永芳或许是最具学者气质的一位。这不仅是因为她在先后从事科技工作、理论工作和行政工作之余始终坚持有效阅读，更是因为她的独立姿态、她的桀骜不驯、她的旁征博引、她的表面平和冲淡实则锋芒毕露的文字。林永芳的杂文有思想、有文采、有锋芒、有力度。但当她面对网络时代众声沸腾的局面时，却谦虚地说自己“不会再有‘文章济世’的天真幻想了。只不过，既然上天赐我尘世一游，既然观察未停止、思考未停止，既然偶有所思所感，不忍就这样任其散佚湮灭。相信独立思考的东西，总不会毫无参考价值。‘思想超市’里的产品丰富一分，总胜过单调一点。倘能给他人以那么一星半点的共鸣和启迪，也就不算白写了”。这样的说法，或许无意间道出了如今很多杂文家的写作宗旨，具有相当的普遍性。

是的，文章未必是“经国之大业、不朽之盛事”，也肯定没有“一言兴邦，一言丧邦”的威力，但自由思想、自由表达，永远是创造的前提。这就是杂文无论怎样卑微，依然有其独立存在价值的原因所在。

2015年10月6日于北京

脚踏实地，不坠青云之志

（代 序）

朱铁志

熟悉赵青云的名字始于赵相如老师主编的《华商汇》。因为常在其中的“社情杂思”栏目中碰面，由知其文而知其人，逐渐成了朋友，觉得此君是一个很有意思的人。

如今写杂文的人大致分为四类：一为报人，二为学人，三为文人，四为官人。前三者好理解：报人原本报道时事、纵论天下；学人依托所学、探究规律；文人描摹众生，揭示世相，都是分内之事。而“官人”之于杂文似乎并不搭界，却有其针砭时弊的特殊路径：既是运动员，又是裁判员；既是实干家，又是评论家，既有“入乎其中”的便利，又有“出乎其外”的超拔，因而常有文人、学人、报人所不能及者。当然，这里所指的，是那些有理想、有情怀、有气节的官人，是由报人、学人、文人而至官人的那种优秀之人。贪官污吏通常只生产杂文素材，而不生产杂文。

照此四端衡量青云，似乎很难将其归类。说是报人吧，他确也编过报刊，但不是通常意义上公开发行的报刊，还不能算真正意义上的报人；说是学人吧，他头上顶着复旦大学哲学博士的学位，写过正儿八经的学术论文，但此后并不专门从事哲学社会科学研究教学工作，似乎也不能算真正意义上的学人；说是文人吧，虽然写过一些吟花弄月的抒情叙事文字，但并不以形象思维为主业，好像也不便称为文人；说是官人吧，确实在单位扮演过不少角色，如今还担任着宁波海事局的领导职务，但他从来不以官人自居，也不愿朋友称呼他官职。如此说来，他似乎什么都不是，又什么都是。他比一般报人、学人、文人多了一些社会阅历、领导经验，在他们面前，他是一个实践者、实干家、操盘手，治的是经世致用之学，深知其中甘苦；他比普通官员多了一些书卷气，在他们面前，他是一个思考者、探索者、殉道者，做的是形而下的工作，琢磨的是形而上的规律。四者兼杂，拼的是综合实力，恰恰在这点上，青云有其过人之处。不仅如此，文章之外，举凡绘画、书法、篆刻、烹饪他都有所涉猎，而且达到出版专著、全国获奖的水平。如此的“驳杂”，使他不写杂文都难。于是乎，在缤纷的杂文园地中，我们见识了青云这朵杂文奇葩。

青云杂文的第一个特点是接地气。看他的杂文，很少有“据报载”之类开头的作品，而多从身边小事、琐事、杂事入手，从日常工作中遇到的问题入手，娓娓道来、徐徐展开，仿佛扯闲篇、唠家常，抽丝剥茧、层层深入。说的都是贴近生活的小道理，用的多是朋友交心的寻常口吻，没有高大上、没有假大空，也没有煞有介事的“杂三股”。文风朴实、道理平实、做人老实。他长期供职于基层，熟悉基层情况、了解百姓甘苦，因而常能察别人所不能察，说出一番让人会心的道理。比如他对“会”字的妙解，不仅观察细腻，而且别具慧眼，他说“汉字很有趣，由‘人’与‘云’构成的这个‘会’字，可有两种解释，一是人头云集，人云亦云，形式大于内容；二是凡参会者都能各抒己见，朝着某个目标达成共识。把会场当作剧场，把讲话当成表演。”这样的解读，确实道出了中国某些会议的常态和本质。

青云杂文的第二个特点是较为透彻的阐释性。或许是常年做领导工作的原因，或许是基于中国知识分子“替天行道”的传统自觉，青云杂文表现出比较明显的阐释学特点。他的杂文多从生活中寻找题材，从文件和上级指示中寻找思想支点，弘扬主旋律、传播正能量，所阐发的道理，往往契合中央精神和上级指令，符合传统的价值观念和道德律令，中规中矩，一板一眼，显示出明显的趋同性思维特点。比如他所写的反“四风”系列杂文，就从自己独特的视角和生活体验出发，较为准确深入地阐述了“四风”的种种表现和严重危害，所论既符合党的群众路线教育实践活动中中央对“四风”问题的判断，又有自己区别于常规论述的独特表达，给读者留下了较深的印象。

青云杂文的第三个特点是其批判性。杂文有多种写法，然而其本质和精髓，无疑是其批判性的体现，是鲁迅先生所谓的“社会批评”和“文明批评”。杂文如果只有趋同性，而没有质疑性和批判性，就丧失了作为杂文的存在价值。青云的杂文既有趋同的一面，也有批判的一面。比如他对“当官高风险论”的诘问，对所谓“低调”的辨析，就没有为表象所迷惑、没有陷入一般议论的话语陷阱，而是体现出较为深邃的批判性。他指出“风险是建立在腐败基础上的，倘若你两袖清风廉洁奉公，倘若你鞠躬尽瘁甘为孺子牛，那么这个行业对你而言就不是高风险，天底下最刁钻的网民别说‘人肉’，就是潜伏在你家里也拿你没办法”。在对广受推崇的“低调”论进行辨析时，他指出“低调有时也是伪装”，是一种更高级的表演，比直接的高调亮相更能博得眼球，更具有欺骗性，当然也更具危害性。这样的思考，就超越了是否应该“低调”的平庸议论，显示出高人一筹的思想深度。

青云杂文的第四个特点是奇思妙想。好的杂文往往存乎一念之间，是多年积淀一朝迸发的灵感闪现。看青云杂文的题目有时不禁让人眼前一亮，引发阅读的冲动和深入思考的兴趣。比如《“指指点点”不如指点》，显然是由消极被动的“指指点点”引向积极的、具有建设性的“指点”，思路新颖、起笔不凡。再如《土汤圆遇见洋玫瑰》，意象独特，构思奇巧，从两个各具象征意味的具象出发，引发对中西文化的比较研究，特别是超越孰优孰劣的无聊争论，指出“文化宽容比文化愤怒更好，指责别人是没出息的表现”，显得气象更加恢弘、胸怀更加博大。又如他的《五指合谈》、《五官杂谈》等篇什，也表现出不落俗套的构思技巧。

青云杂文的第五个特点是其趣味性。一般杂文家似乎不屑于谈什么趣味性，好像一说“趣味”便显得思想境界不高、学术层次有限，便拿周作人、梁实秋来比鲁迅，而我以为其实大可不必。鲁迅的冷峻、犀利固然备受推崇，周作人的闲适冲淡也未必不是一种绵里藏针，而梁实秋的雅舍小品并不是不能说的生活趣味。从写作的角度，既需要大江东去、一泻千里；也需要小桥流水、曲径通幽；既需要情感充沛、怒发冲冠，也需要委婉曲折、欲言又止。有时“曲笔”比“直书”更有力量，低沉的诉说比高亢的质问更显从容自信。青云生于江浙，在茶香缭绕中长大，这使他身上自然而然地带有江南文人特有的趣味。比如他说到“读书行路”就有自己的看法：“古人说，读万卷书，行万里路。我觉得还得加上一句，品万盏茶。人若没有茶境、茶心、茶悟和茶友，没有茶的人生，怎么算得上完整？喝茶可修身怡情，使人心境明亮，可容花木，可去杂音；以茶相会的情谊更懂‘一期一会’的珍惜；茶文化的内涵是中国文化内涵的外化，透过茶，更能体会和了解处处茶香的中华文化之博大精深。”这样的文字，让我看到左手执毛笔、右手握刻刀的赵青云，反而显得更加丰满可爱了。

毫无疑问，青云的杂文已经取得相当成绩，达到了一定高度；但如果用更高的标准衡量，依然还有很大的提升空间。在思维方式上，我建议青云可以适当少一些“趋同思维”，多一些“求异思维”，在“同”中见“异”和深入挖掘上下功夫，做到由此及彼、由表及里，透过现象看本质。当然，“深入挖掘”的话说说容易，做起来却难。要干好“挖掘”的活儿，首先需要有好的“挖掘机”，这就对作者的思辨水平和知识积累提出了更高的要求。我本人就常常苦于自身局限，而不能把文章写得更深更好一点，这番议论算是我与青云的共勉吧。

目录 Contents

走正你的路

反腐与“贤内助” 003
也谈官员的“高风险” 006
说“会” 009
“指指点点”不如指点 012
形式主义的末路 014
咬文嚼字谈官僚 016
给享乐主义套上“紧箍咒” 019
向奢靡之风说不 022
别把“务虚会”开“虚”了 025
“隐形”党员做不得 027
谁说了算 029
“跑偏”也是一种病 032
“转非”怪象 035
“新常态”中的官场酒文化 037
时刻警惕的灰色地带 039
敢于碰硬的紫色地带 042

对“精神困乏症”说不 044
五官杂谈之管好你的嘴 047
五官杂谈之用准你的眼 050
五官杂谈之疏通你的耳 053
官员的艺术与权术 056
用对你的手 058
走正你的路 062
你为谁“卧底” 064
给迷信之路封道 067
“贤”妻之鉴 070
不违规的违规 073
庸政与懒官 077
阳奉背后看阴违 080
以言代法休矣 083
实不实，谁说了算 086
熄灯，请闭眼 090
也谈行政成本 093

心平则安

立德行善归正道 099
五指合谈 102
五藏趣谈 105

五德从温谈起 108
看低自己 111
躬身为仆 114
你在忙什么? 116
诚信和相信 119
平淡是真 122
心平则安 124
高调和低调 126
干部之“家”在这里 128
——有感于《周恩来的四个昼夜》
吐掉的规矩 131
名声与名胜 134
农家书屋几多愁 137
医在前，利在后 140
无奈 143
颓废“汉字”几时休 146
警卫与礼仪小姐 149
老板与千里马 152
时间主人·仆人 155
何来“不杀之恩” 157
再谈校园投毒 160
谈干部之后备 162

社区的“定心丸” 164
五水共治不止是“治水” 167
插队 169
另一种雾霾 172
7的纠结 175
知识贬值和人格贬值 178
平等相待农民工 180
试衣间试出了什么 182

茶与人生

朋友 187
劳动和运动 189
健身更需健心 191
“土汤圆”碰上“洋玫瑰” 193
端午小议 196
圆梦中秋 198
难得健康 201
运动是种生活艺术 204
麦饼和披萨 206
让OA更OK 208
客来一杯茶 211
看《秘密花园》有感 213

茶与人生 216
秋雨西湖 219
茶香处处 222
名茶出名山 225
闲走楠溪江 228
彩虹 230
家燕 233
远去的白云 236
九寨的夏 238
五彩田塘 240

走正你的路

» 反腐与“贤内助”

近年来，媒体屡有关于“贤内助”之类的宣传，甚至有些企业单位也要跟风，推出员工年度“贤内助”奖。单纯地看，这是一件好事，是一种鼓励，将其用来烘托职工工作和生活的气氛也无可厚非。

事实上，作为个体，无论你在什么单位工作，能力的体现或积极性的表现，与自己的妻子或丈夫无关。而从家属的角度讲，只要你热爱自己的工作，除了单位内部，外部因素对你积极性的干扰是构不成多少威胁的。如果你的家属对你的工作经常持反对意见，或者老是设卡阻碍，这只能说明你的婚姻并不美满，所谓的世界观在彼此间发生了激烈的摩擦，严重的话，内心还会有一种呐喊声，我娶错了老婆！或，我嫁错了男人！

当然，不同意见是时刻存在的，但这根本不会影响一个人的能量发挥。倘若说，这人在单位里工作表现好是因为家里有一个“贤内助”，就等于说这人的工作热情是可以打折扣的。你比人家多了个“贤内助”么！如果家里头没有“贤内助”呢，是否就萎靡不振，是否就成了落后分子？

有人说，不是的，没有“贤内助”，工作已经做得很好了，有了“贤内助”后工作就做得更好了。那么是否可以这样去理解，那些家里不存在“贤内助”的人，那些未婚的好青年，那些单亲族，即使发挥出同等能量的工作热情，干得再苦再累，也比不上一个拥有“贤内助”的人？如此，我们也只能自嘲：设立先进分子奖是为了表彰某个人的成就，对其一个年度的成绩加以肯定，而设立“贤内助”奖则是一项锦上添花之举。

也有人说，把“贤内助”奖专门用于政府某些行政机构倒还有些意义。看似表彰，实是约束。她们的“另一半”大都是手握权力者，时常面临着这样或那样的诱惑。为了守住清廉，一个贤内助多少也得把上一道门槛。不过，话又说回来，这道门槛牢固与否，关键仍在于官员本人。报载某局长大人收受钱财后，其妻将其叫到卧室提醒：“咱不能违背助廉承诺，做违法违纪的事。”翌日就叫丈夫将“红包”和礼品上交给局监察科。这里头折射出的问题是，这样的拒贿行为从头至尾都是夫人处于主动，是夫人在指挥。没有这位夫人的提醒，或者这夫人贪财，这钱财岂不照收不误呢！倘若这推测成立，则说明贤内助的功能高于党纪国法，至少，这位领导的清廉是建立在其夫人的身上上，也就是说，夫人的觉悟比起一位受到党多年教育的领导还要高。这便成了笑话。

贪因欲而起，腐败因贪而生。那么反腐工程靠什么？无论是政府监督，或官员自律，本身都是一条很好的途径。一个正派的头脑清醒的官员，是很难受身边人摆布的，否则我们的历史也就留不下诸如包拯、海瑞等一大批清官的故事了。但在道德观念缺失的现代社会，仅靠存在于封建王朝的故事与表面文章是解决不了腐败这个问题的，只有建立切实可行的监督机制，变人治为法治，变虚浮的宣传为严格实施的条款，才能构筑反腐的防线。否则，声势再大的运动最终也流于形式。而所谓的贤内助，也只是老百姓眼中没有效果的做秀而已。

» 也谈官员的“高风险”

去年有一段时间，媒体与网络对于陕西省安监局局长杨达才的种种表现显得十分关注。此君在事故现场的无端笑容，触犯众怒而遭“人肉”，不依不饶的网民仅在两三天内，便“搜”出这位大腹便便的官员所拥有的十余块高档名表来。只弄得这位杨大人疲于奔命，再多的解释都变得苍白无力。略想纪委介入后，不久总会有个交代。这些年，随着网络的发达，总有一些官员或其家属因在公共场合言行幼稚或举止失态，或因为一桩偶发事件而引发众怒，最终被网民推向难堪的境地，如抽天价烟的南京房管官员周久耕，叫嚣“我爸是李刚”的官二代等，无不因网民的“人肉”而弄得身败名裂。

对于此类事件的发生，自然也少不了一些自作聪明者对此发表高论，或指责媒体过分炒作，或归咎于监管部门失职，等等。针对杨达才灾难现场的“傻笑”所引发的后果，新华社为此还专门刊发了一篇题为《官员不自律，才会“高风险”》的评论文章。该文指出，官员之所以也会成为高风险行业，很大程度上是因为本身不自律。“官员如果能自觉自律，不管是对上负责还是对下负责，基本就没有风险。如果不自觉不自律，还很怕他律，那就会处处是陷阱、处处有风险。”文章说，“如果那位安监局长不偶尔疑似傻笑，还那么大腹便便，会引起网民的气愤且‘人肉’吗？”

乍一听，觉得言之有理，当官的收敛些、低调点，风险肯定会与你拉大距离。可仔细想想，却又感到不是滋味。此类话语与其说是告诫，还不如说隐含着教唆：“兄弟啊，你贪就只管贪，但在公共场所要注意保护自己。”文章看似在分析官员不自律而落败的成因，却在下意识地替官员们“出谋划策”，其意思也就是说，官员等同于腐败已属铁板钉钉，想要做官顺利，就得精通人情世故，学会隐藏甚至阴险，如此才能排除风险。周久耕只要在家里抽天价烟、杨达才只要不在现场傻笑，李刚的儿子只要不公然叫嚣“我爸是李刚”，那么风险就会与他们擦肩而过，于是就是再腐败，也是天知地知的事了。

表面上的低调或确切地说伪装果真会化险为夷吗？非也。对于丑事，中国的谚语早已说得很多，如“纸包不住火”、“隔墙有耳”、“欲要人不知，除非己莫为”等，其意思只有一个，就是为人做事要光明磊落，公民如此，公仆更要如此。倘若只要求官员学会在公共场合低调，就等于是在毒瘤表面涂些膏药做些应付，因为所谓的人民监督是不可能进入你家里的。

事实上，将官员划归为高风险行业是可笑的，到目前为止还未听说过有谁因“高风险”而拒绝当官的，为了高位而不择手段甚至闹出人命的倒是屡见不鲜。所以这种划分同样是一种把网民当作傻蛋来糊弄的行为，因为这种所谓的风险是建立在腐败的基础上的，倘若你两袖清风廉洁奉公，倘若你鞠躬尽瘁甘为孺子牛，那么这个行业对你而言就不是高风险，天底下最“刁钻”的网民别说“人肉”，就是潜伏在你家里也拿你没办法。

正如那位作者自己说的：“心中无愧，就不怕监督；心中有鬼，才会四面楚歌。”

» 说“会”

空谈误国，实干兴邦，目前已成为国内广大干部群众的共识，同时对于目前不少政府部门所存在的那些虚浮的表面文章，也是一次思想上强有力的订正。我也由此联想到我们的基层所存在的“开会病”。

汉字很有趣，由“人”与“云”构成的这个“会”字，可有两种解释，一是人头云集，人云亦云，形式大于意义；二是凡参会者能各抒己见，朝着某个目标达成共识。

话说基层或地方政府所说的开会，理当是在民主的气氛下，与会者集思广益，针对存在或发现的问题进行一次有目的性的探讨，形成某种正确的决议去及时解决问题，尤其在基层，所谓的会场更应该是一个不设等级的研讨平台，与会者人人平等，朝着同一个目标各抒己见，如此，才能有的放矢，有效地为问题的症结号脉从而解决之。而这也正是一个“学习型组织”所要倡导的务实的会议作风。

然而，现实中我们所遇到的诸多会议，仍在沿袭着“走过场”的形式，或场面弄得声势浩大，散场后，议题便如过眼云烟；或搞一言堂，谁是老大听谁的，明知道观点有误或值得推敲，却总有好事者附声称是，把反对的声音分贝压到最低甚至于零。

这类会议，等同于权威发布会，众星捧月，缺少共鸣，在权力面前口是心非，把不同意见藏在心里，只把掌声鼓得整齐有力即可。久而久之，有些领导干部则将会场当成个人的舞台，把一些豪言壮语演绎得炉火纯青。“假大空”的词汇充斥于整篇讲话稿中，而真知灼见倒像文物一般，只在台下悄悄地交流。

这种风气习惯成自然后，开会就成了理所当然的日常工作。上级一开会，下层各级就一一开会落实。正所谓“上级一个会，下级一串会”。传达传达再传达，强调强调再强调，布置布置再布置，周而复始，而问题照样如丢在角落里的面团在悄然发酵。

个人认为，会不可以不开，但一定要开得精，开得有实质意义，而不是“官云亦云”、“权云亦云”。学习讨论会一定要结合工作中的实际情况，研究问题的会要得出个合理的结果来，民主生活会要有个批评与自我批评的气氛，涉及国计民生的会更要符合老百姓的实际需求，总之，要让与会者体会到会议的重要性，不仅有参与的荣誉感，更要有责任感。因为一个追求实效的会议，无疑将产生有意义的结局，它或促成某个问题的根本解决，或影响某个机构的优化，或带来一个城市的发展，这样的会，是值得开的。反之，把会场当作剧场，把讲话当成表演，当领导的做足了口头文章，纸上谈兵地指点江山，与会者也只能把会议视作吃饭睡眠一样，见怪不怪般地去适应了。

会来会去，看似人人不亦乐乎，实际上不仅耗费了大量的人力物力，更让那些不得不参加会议的人疲于奔命，也无法集中精力干实事，确切地说，既影响了工作的质量和效率，又浪费了宝贵的时间，甚至因为会议的虚浮，严重损害了政府形象，让老百姓觉得会议已成为官僚主义和形式主义的游乐场。

在科技高度发达的信息化时代，政府部门一定得学会开会，把那种传统的会议构架转化为多种形式，电子邮件、QQ视频、手机短信等都是传达落实的方式之一，如非开不可的会议，就要发扬民主，让不同的声音发出来，要体现群策群力的集体智慧，把会开到群众的心里去。而最关键的，是领导干部要具备务实的工作能力，转变思想作风。只要领导带头从自身做起，少讲空话，多干实事，那些大大小小的会议也就可以省了。

»“指指点点”不如指点

调查研究，是领导干部的一项基本功，但如今总有人改不了一些不良作风，他们视调研为形式，不切实际地到处指指点点，看似很认真，其实质仍以权力讲话，走的还是拍脑袋决策、拍胸脯保证，拍屁股走人的老路。

在某地，一领导“蹲点”基层，午餐吃到一种口感极佳、学名芜菁的蔬菜，听下属介绍说此菜乃当地特产，遂拍板要求当地农民多种此菜，发展特色农业，发扬地方魅力。随后，下属就在各乡大力推广种植芜菁，以落实这位领导的决策性指示。次年，芜菁种植过剩，价值暴跌，菜农们推着几十车芜菁将县政府大门堵住，要讨个说法。类似的事情时有发生，似乎是一个个重复着的让人无奈的笑话。这便是领导惯于“指指点点”的毛病所致。

较之指点，“指指点点”只不过多了一个“指点”。然而就是多了这么一个“指点”，性质变了，内容变了，效果更变了。从领导的角度讲，指点，是针对基层的实际情况，经过科学分析研究，开展必要的指导和帮助。而“指指点点”，则是不切实际地瞎指挥，是轻率臆断地指手画脚，不仅没有解决实际问题，反而让基层无所适从，影响工作。

存在这些现象的原因，说到底，还是有些领导干部没弄明白调研的概念。调研的两项内容大家都知道，一是调查，二是研究。所谓调查就是运用各种方式方法，有计划、有目的地了解事物真实情况，这是把握工作要“点”的过程；研究则是指对调查材料进行去粗取精、去伪存真、由此及彼、由表及里的思维加工，以获得对客观事物本质和规律的认识，这是明确工作“指”向的过程。调研的过程，最终是指点的过程，而不是指指点点的过程。

着眼现实，做好调研工作，就是要做到习总书记所说的“深、实、细、准、效”，就像“十月怀胎”，不仅要“身入”基层，更要“心到”基层。基层的工作，需要的是指点，而不是指指点点。

» 形式主义的末路

形式本身并没有对错，人类对形式的追求从未间断。中国传统文化历经多次外族入侵而延续不断，重要的一点是其有着相当稳定的形式和标准。但形式再好，也不能代替结果，形式只是形，而不是神，一味追求形式，永远无法达到形神兼备。

事实上，形式主义虽在民间大有市场，但就老百姓而言，讲求形式主义无非是图个面子，而一些领导干部醉心于形式主义的现象，便不得不让人深思了。那种花哨的表面功夫，到底是能力有限，还是居心叵测，也只有其本人心中最为清楚。更有些干部把形式主义当成护身符，因循守旧，生搬硬套，或把形式主义当作挡箭牌，上挡政策，下拦民声。纵观如今的官场，有三类人被形式主义异化得最为明显：

第一类是“太极高手”，腾挪闪躲，借力打力。对上级的政策规定，不研读解析，不结合实际，原封不动扔给下面，下级有反馈，不调查研究，不梳理总结，转手又扔回给上级，是一名优秀的“二传手”。过手不过目，留步不留心，以文对文，以空对空，端的是妙手空空，不着痕迹。

第二类是“宣传干将”，吹拉弹唱，摇旗呐喊。喜欢提口号，动不动国内一流，国际领先，拉大旗作虎皮。热衷于添置设备，装饰外观，到处树标语，挂口号。解决问题三板斧：召开大会，层层动员，全面部署。会议文件一大筐，前期“黑云压城城欲摧”，到了后来是“既无风雨也无晴”，不落实，不督察，没有实际行动，难得的是宣传总结还能做得漂漂亮亮。

第三类是“奸诈商人”，讨价还价，精打细算。根据个人利益需求，设立工作标准，专挑容易出彩、出政绩的做，亮点工程、形象工程抢着做，基础工作、疑难杂症躲着做。无利不起早，一切工作以自我喜好和自身发展为出发点，活脱脱一副奸商的嘴脸，官商合体，比官商勾结还可怕。

近来，中央下定决心铲除令民众深恶痛绝的“四风”，这让那些还痴迷形式主义的官员们颇显窘境，也不得不去好好想想形式主义到底是护身符还是催命符。一时间，个个对其避之唯恐不及，但凡提及，大有与其一刀两断，老死不相往来之势。其实，作为官场上的“四风”之首，形式主义虽早已臭名昭著，让有识之士们怒斥痛骂，但其脸皮之厚，生命力之强，也是超乎人们想象的。有时候，看似在痛骂之下销声匿迹，却也总会在某种历史特定时期卷土重来。只有全社会上下齐心，坚定不移，视“四风”为“四害”，如过街老鼠将其穷追猛打，才会真正把它赶上穷途末路。

第四届鲁迅杂文大奖赛特等奖作品

《反“四风”系列谈》荣获杂文报克服“四风”征文特等奖

» 咬文嚼字谈官僚

官僚主义作为“四风”中的重点扫除对象，就是因为当前社会民群头上的“爷”太多。官把自己当老爷，僚就把自己当师爷，都是高高在上惹不得。官僚主义一词转译自英文Bureaucratism，直译为未经选举产生的政府官员，引申为脱离群众。尽管在汉语中出现较晚，在中国却早已存在。它是几千年封建制度遗留下来的一种“文化”。早在春秋战国时期，孟子就提出过“民为重、社稷次之、君为轻”的言论，但受制于封建礼教等级观念的限制，从未被真正实现过。相反“寒窗苦读十八载，只为金榜题名时。”的思想倒是影响至今，“读好书当大官，将来做上人上人”的理论还被经常用于当今的子女教育上。可见，官僚主义的毛病并不是领导干部独有的，而是一种广泛存在、深入骨髓的“大众文化”。

从汉字的角度看，“官”字很形象，头戴官帽，身着正袍。为官者，当顶天立地、方方正正。官字，在帽上加根草，是“菅”。就是说为官者，需刚正不阿，明辨是非，若凡事敷衍，草草了事，就容易失掉公允，草“菅”人命。官字，右边加上“食”字，是“馆”。就是说，为官者，需甘于清苦，管住自己的嘴，若只顾推杯换盏、觥筹交错，就成了“出门入饭馆、上班坐茶馆、把家当宾馆”的三“馆”干部。官字，下面去掉一竖，是“宫”。就是说，为官者，需深入群众，扎根基层，若只顾高高在上、脚不着地，失去了联系群众的纽带，就容易变“官衙”为不食人间烟火的“宫殿”，让百姓敬而远之。

再来看“僚”，僚即官之幕僚，他们往往是“官”的左右手、耳目和形象代言人，是上达民情下传指令的纽带。官当得好不好，与他的“僚”很有关系。有些“僚”，竭尽全力想往上爬，为了华丽地转型升级为“官”，他们把领导当主子，自己当仆子，却把群众当傻子。对领导鞍前马后，拍马溜须，无所不用其极。凡是领导交代的，能办的去办，不能办的也去办。于是就有了专座、专享、特供、特权等词汇，这就苦了下面的群众，被气得团团转，怨声载道，无人问津。有些“僚”，“变脸”学得很精通。领导面前，忙忙碌碌为群众，兢兢业业为发展，好一幅亲民爱民的和谐场面；领导背后，仗着有点小权力，颐指气使，随心所欲，不顾民情民意，视群众困难为无物。难怪有网友为最近某出入境处的“秒转作风”编了首打油诗：“领导来了怎么办？精神抖擞拼命干；领导不在怎么办？我想怎干就怎干。为何能有如此胆？升降领导说了算；百姓除了叫与喊，一切还得靠边站！”有些“僚”，甘当领导的“腐蚀剂”，表面为领导出谋划策当智囊，实则动的都是歪脑筋，出的都是馊主意，表面为领导牵线搭桥，广交“朋友”、出面“办事”，实则打着领导名号，中饱私囊。近期频爆的官员“落马”事件，大多都有难逃干系的“二号首长”在背后扮演着重要角色。“今朝有酒今朝醉，管它明天被治罪，”最后真把领导和自己“治”进了监牢。

“僚”犯错，归根结底是“官”的错，他们或用人不当、轻信谣言；或定力不够，连带自己误入歧途；或教导无方，贻误大局。民为邦本，不管是官，还是僚，都是群众的仆，一切从群众的利益出发，有“达则兼济天下”的胸怀，重民爱民，才能本固邦宁。

扫除官僚主义，关键是要改变大众心中扎根几千年的思维惯性和功利模式。要做到这一点，不只是领导干部，社会各界广大民众人人有责。既要干部正视权力，放下架子，贴近群众，也要民众主动作为，担负职责、当家作主。既要从娃娃抓起，在教育理念和体制上转变方式，也要营造环境，建立公平完善的社会和法律监督体系，让官僚主义无处藏身、无所遁形，只能走向穷途末路。如此，干部的“官念”远了，群众的民意近了，党群关系的“隔离墙”没有了，我们的社会也就更和谐了。

» 给享乐主义套上“紧箍咒”

当今社会，各种诱惑招摇过市，社会环境更为复杂。这是对每一位道德公民的考验，更需要领导干部以身作则，净化不良之风。“贪乐”无异于领导干部的精神“鸦片”，稍有不慎，吸食过量，就会出现诸如国土局干部“吃请醉酒意外身亡”之类的荒唐事件。而更可怕的是，一旦上瘾，难以戒除，让人思想颓废，工作效率低下，没了信心，失了民心，在潜移默化间葬送了国家和民族的前途。

前一阵子被曝光的上海几位法官寻花问柳之丑事，恰如一枚重磅炸弹，不仅在社会上激起不小的波澜，而且也将这些扛着国家法律与公民道德大旗的正人君子弄得灰头土脸。原来那道貌岸然、庄严正直的背后，却是令人掩鼻的一坨恶臭。我想，能使他们胆大妄为跨出这一步决非偶然。事实上，利用手中的权力趁机“乐一把”的人并非少数，只是那层盖子尚未揭开或性质还欠恶劣罢了。而之所以如此，无疑是迷失方向的享乐主义占据着自己空虚的心灵，一步一步地随着放纵的欲望而偏离正道，最终堕落而难以自拔。

汉字中对“享”字的解释，除了受用、索取，还有另一层意思，那就是贡献。对党员干部而言，能够力所能及地为社会奉献智慧才能，真心诚意地为群众做些实事好事，少一些贪私，多一些付出，才是更大意义上的快乐。而当前社会的享乐之风，却与奉献的理念背道而驰。因此，如何厘清“享乐主义”和“追求快乐”的界限，正是我们需要深刻思考的一个现实问题。

现实生活中，一些党员干部奉行“人生得意须尽欢”的理念，游戏人生，享乐无度，整日里沉迷于吃喝玩乐。他们人在办公室，心在娱乐场，把工作当儿戏，把群众当马戏。久而久之，责任义务也抛诸脑后，理想信念已不复存在。这其中不乏居功自傲者，视享乐为理所当然的个人“功劳红利”。这种躺在功劳簿上享受的想法一旦和手中的权力合流，利用职务之便，享乐出格之事的现象便也不足为奇了。

还有些干部可以说是掌柜师爷，精通各种数学运算。只可惜他们只关注自己的“私人账户”，热衷“多多益善”。工资福利涨一点，上班时间少一点，旅游考察多一点，现场基层少走点，公车档次高一点…… 他们“简政放权”，除了私欲几乎已不会思考，甚至为了满足自己的享乐欲望，不惜背弃公道良心而抛开工作职责，去搪塞正常的工作事务。

贪图享乐，扩大的是社会资源的过度消耗，增高的是身体的不良指标，耗损的是用在事业上的精力和时间。而对于党员干部，则是以削弱与民众的联系为代价，换来不满的呼声。在数学上，同样的偏离角度，离交点越远的地方偏离越远，上行下效，上面偏一寸，中间偏一尺，下面偏一丈。一个追求享乐主义的干部，危害的不只是他个人，还会以惊人的规模戕害与他联系的整个环境，最终拆除的是社会主义的根基。

享乐主义的根源是自私自利，追求自我满足。因此，必须给享乐主义套上“紧箍咒”，让领导干部时刻牢记自己敏感的身份，明白自己的表率作用，不能让自己被欲望驱使，放纵自己。你可能做不到范仲淹所言的“先天下之忧而忧，后天下之乐而乐”，但至少要在每一天每一件小事中控制自己的欲望，洁身自好，本分为官。俗话说“千里之堤毁于蚁穴”，纵观现实，多少领导干部的堕落就是从“湿了第一脚”开始的，正所谓从恶如崩，心理防线一旦突破，就会成为欲望的奴隶。

向奢靡之风说不

奢靡不属于精彩，简约也不代表简单。艰苦朴素是中华民族固有的传统美德，不仅需要每一位公民去做勤俭节约的践行者和社会资源财富的守护者，更需要领导干部身体力行，有“穷则独善其身，达则兼济天下”的胸怀，做良好社会风尚的引领者。但近年来，社会上渐兴奢靡之风，且有愈演愈烈之势。乍一看，这或许只是一种畸形的消费观，实则是社会价值观的缺失和错位。

第一类是“钱多多”。万贯家财，只把“奢侈”当 “时尚”，极尽奢华之能事。这其中不乏“暴发户”，大手花钱只为消除骨子里的“穷酸气”。还有些“富二代”， 把奢侈当时尚，把朴素当落伍。游手好闲，挥霍无度，最终成了葬送家业的败家子。

第二类是“充阔绰”。喜欢打肿脸充胖子，好面子工程。自诩“与时俱进”，却极易受社会上不良风气影响。为了一时风光，可以倾尽所有，在所不惜。他们讲排场，谈攀比，一掷千金，气度非凡，不甘人后。可惜是金玉其外，败絮其中。风光过后，往往是债台高筑，走投无路。

第三类是“权在握”。他们花的可不是自己的钱。有权在握，动动手指，就是国家买单，动动嘴巴，就有来巴结办事的抢着付款，动动脚步，就有下属前呼后拥。刚开始，还有点小心翼翼，不好意思，时间一长，就却之不恭，理所当然了。下去考察不带旅游，那是“不懂行情”；受请吃饭不跟“娱乐”，那是“不懂风情”；入住酒店不上五星，那是“不懂人情”。据统计，某些城市的高档餐饮消费娱乐场所中，公款消费占70%以上。在大量消耗着国家的财富与资源的同时，也腐蚀着自己和公众的精神节操。

上述的奢靡者当中，第三类无疑是最可怕、后果也最严重的，因为辜负了广大民众的托付和信任。俗话说，欲壑难填。为了满足不断增加的欲望，忘却了工作职责，很自然的用手中职权谋取私利，大开方便之门，也开启了自己迈向牢狱的大门。而对于组织和单位，奢靡之风浪费了大量的社会资源，引起民众的强烈反感，丧失了公信力和影响力。

“成由勤俭败由奢”，历史上因奢亡国的例子举不胜举。“以酒为池，悬肉为林”，商亡；“入郭登桥出郭船，红楼日日柳年年”，隋亡。奢靡之风惹民厌、失民心、遭民怨，动摇国本，亡党亡国。穷奢极欲，其害非小。奢靡之风是一种腐朽的人生观，是精神鸦片，渗透力强，腐蚀性大。因此，作为领导干部，必须带头与奢靡之风一刀两断。一要戒心，荣华富贵俱是空，奢靡不足恋，舍弃贪欲，净化内心。二要戒行，先戒己而后律人，争做清廉楷模，崇尚简朴，厉行节约。三要戒律，把权力关进制度的笼子里，自觉接受民众监督，向奢靡之风亮剑。反之，倘若任由奢靡病毒蔓延渗透、生根发芽，势必丧失履行公职的能力而把社会带入歧途，导致整个体系运转失灵，最终自毁长城，无法挽救。

» 别把“务虚会”开“虚”了

年关临近，又到了各地区各部门各单位集中开务虚会的时候。人们对务虚会既熟悉又陌生，熟悉是因为它扮演着重要角色，上上下下每年都在开，陌生是因为有些务虚会渐渐失去了本来的样貌，让人看不懂。

务虚，针对决策环节而言，是决策前对决策可行性、具体操作、突发情况预案等进行分析研究，是对事物发展规律与走势进行高屋建瓴的宏观把握。缺少必要的务虚，就缺少了决策的科学性，所务之“实”就可能成为盲动或蛮干。

然而现实中，少数单位却把“务虚会”开“虚”了。有的把务虚会开成情况通报会，介绍单位的情况、存在的困难；有的把会议开成了意见征求会，机关对基层提要求、基层对机关提意见，却不提解决办法；更有甚者，会上先是领导讲一通，接着下级各抒“己”见，谈自己部门工作的多，对大局或其他部门点评的少，缺乏必要的思想碰撞。

务虚会是一种头脑风暴，在于启发人们自由思考，为所务之

“实”提供更多的观点和依据。如果会议缺乏准备，主题散漫，少了思想碰撞，没有太多决策内容，那么，这样的务虚会也就可有可无了。

开好务虚会，事先应当作好必要的准备，明确会议主题，同时，会上应多一些深入的交流，少一些天马行空的“胡侃”。务虚会还应当处理好“虚”与“实”的关系，既要从实际出发，又不拘泥于具体细节，在思想碰撞中提炼出事物的普遍规律，让务虚会发挥其应有的功效。

» “隐形”党员做不得

党员作为中国梦的践行者，不只是一种政治面貌，更是相伴一生的追求和责任，是理所当然的一份荣耀和自豪。但令人遗憾的是，我们身边却有这样一些党员，他们总是不敢、不愿公开自己的党员身份，尤其是在公众场合，生怕让人知晓自己的党员身份，羞羞答答，遮遮掩掩，让人啼笑皆非，更引人深思。

这些“隐形”党员，对国家大事充耳不闻，对社会不正之风听之任之，对群众疾苦麻木不仁，平常时候看不出来，关键时候站不出来，更别说生死时刻豁得出来。组织生活托辞不参加，党费可以让人代交，好处是多多益善，一样都不能少，责任是敬而远之，能不承担就不承担。久而久之，甚至都忘了自己的党员身份，真的是“混同于普通群众”了。也有一些党员清楚自己的身份，熟悉党纪国法，只是因为党员身份代表着责任和义务，社会和人民群众会对其有较高的要求和期待，而这就像是孙大圣头上的紧箍咒，让自己有所忌惮，不能为所欲为，于是便有意识地做起了“隐形”党员。

遥想革命年代，作为党员是何等光荣，在井冈山、在延安、在烽火一线、在敌后战场……当举起右手宣誓时是何等神圣。那是一种有了信仰、有了人生方向的荣誉感。然而，不知从何时起，共产党员的称呼，似乎不那么提神振气了，有些党员也渐渐失去了应有的光环。这虽然不是普遍现象，但仍需引起高度警惕。我们常常说那些不记得自己出身的人不孝，不懂得感恩。试问，又有多少党员记得自己的入党时间，记得当初站在党旗下大声宣读的誓词，记得自己身为党员的义务和责任。有的党员入党动机不纯，入党只是功利与投机心理使然，为了更好的职业生存或者提拔，使一些党员的党性先天不足。

为什么不敢亮出党员身份、不敢公开展示党员形象？说到底，还是因为党性意识薄弱，个人的言行举止达不到党员的要求，经不起社会的监督。有的自身修养不够，患了“政治麻痹症”，受西方自由思潮侵袭，对党的事业没有信心等；有的对自己放松了要求，觉得“混迹”于普通群众，日子过得更“惬意”；有的习惯于人云亦云，磨圆了棱角，忘记了自己是“先锋队”的一员。

当前，群众路线教育实践活动正如火如荼地进行，时代赋予的历史使命，人民群众无处不在的监督，都要求党员能够挺身而出，以党员的责任意识和担当，大胆亮明身份，接受群众监督，更好地践行群众路线，成为弘扬社会主义核心价值观的领路人和生力军，从而推动社会风气的好转。而那些“隐形”党员，倘若还不幡然醒悟、回归正道，也必将受到群众的鄙弃而无处遁形。

» 谁说了算

朋友是某机构负责人，一日茶室聊天，只听他侃侃而谈该机构刚推行的一项新政，语气中特别强调群众有多拥护，效果有多显著。恰好有熟人在其治下，一印证，我便为此陷入深思。因为事实并非如此。他那机构的大多数人都在抱怨，说那只不过是新瓶装老酒，是另一种形式主义的表现。

一项政策的推出，其效果如何，到底该由谁说了算？衣冠正不正，污垢多不多，要照照镜子才看得到。工作实不实，成效高不高，要问问群众才知道。偏偏一些部门或领导谈起自身工作时，动辄“情况不错、反响良好”，或者“成效显著、广受好评”，恨不得说成“锣鼓喧天、掌声雷鸣”，看似群众拥护，实则自编自演，只把群众置身事外。

事前计划、事后评估，本是好事，尤其对于一些投入大资本、花费大精力的项目举措，更应该建立完善及时的评估机制，杜绝豹头鼠尾。且看“评”字，左边是“言”，右边是“平”，表明看待事物要有公正公平的声音。然而，就领导干部而言，这样的声音渠道通往的应该是广大民众。无论红与黑、有效或无效，也不管是“反响”还是“好评”，主体都是群众，反映的也理当是民意。一旦这个“民意”渠道出了问题，所谓的评估和政绩也就变味儿了。

有些“民意”来自想象，自己“造”民意。因为自恃太高，足以闭门造车，用个人想象代替群众评价。因为高高在上，感觉群众的呼声太遥远就充耳不闻当聋子。把自己“发现不了问题”当成“没问题”，即使偶尔反思一下，也往往是避重就轻，化大为小。有些“民意”来自“二手”。因为身边挤满了阿谀奉承之辈，民意在几番辗转之后，早就改头换面，最后竟成了小人得志的筹码。近朱者赤，近墨者黑。有二手是因为有市场，上有所好下当奉之。只有以自身正气擦亮双眼、清肃周边，才能畅通与群众的沟通渠道，获得真实材料。还有些“民意”来自个别。因为门开窄了，把少部分人的意见当成了全部。所谓兼听则明，偏听则暗。要想避免以偏概全，只有敞开大门，关闭小门、侧门和后门，才能把方方面面的意见请进来。

真正的民意，除了反映广大民众共同的意愿外，同时也是对现行政策最真实、最公正的评价。听不到不代表不存在，归根结底，还是自己想不想听、怎么去听的问题。领导干部首先要愿意听不同的声音，“衙斋卧听萧萧竹，疑是民间疾苦声。些小吾曹州县吏，一枝一叶总关情”，用真诚的心才能听到真实的声音。“政声人去后，民意闲谈中”，要以谦逊之态，畅通反馈渠道，广纳良谏，让群众敢于评价、乐于评价。凡领导干部，要有去伪存真的能力，要俯下身子，放下架子，走向呼声最强烈的地方，正视群众的反响和需求，让民意来引导有效的工作。

天下事，以实则治，以文则不治。其实，作为领导干部，把群众放得再高也不算高，把自己放得再低也不算低，也只有这样，才能真正做到执政为民。工作要有人评，更要不怕评。只有充分发挥好民意的评判作用，才能有的放矢、产生实效。群众的眼睛是雪亮的，你做得如何，推出的新政有无成效，毫无疑问，该由民意说了算。

»　“跑偏”也是一种病

近期，中央正致力于改进作风，从八项规定，到党的群众路线；从洗澡治病，到猛药去疴、刮骨疗毒，各地也是踏着中央整风节拍，不折不扣的严格执行。这是好事。令人遗憾的是，有些单位和领导却在执行中走了极端，偏了方向，陷入了另一种怪圈。

要知道能否治好病，用药是关键，用少了，起不了效果；过量了，后果更是不堪设想。作风整治亦如是。在落实中央政策的过程中，执行不到位和执行过度两种现象在一定程度上影响了整风效果。某些单位领导至今还有避风头、打擦边球、应付过关、与我无关等心态，依然还存在办公用房“大隐于市”或有事没事找找开会坐主席台的感觉等怪现象。还有些人则断章取义，不理上情下意，搞一锅汤，一概论，觉得做过一点、整重一点肯定不会错。开会说话一律短，殊不知大会小会全限时了，重点要点也没了，只把听众弄得一头雾水；出门吃饭一律禁，同事间自掏腰包的正常聚会也被定性为违纪；办公资源一律缩，为最大程度地

“节约”资源，封存公务用车，而不考虑正常工作和后期管理，把一辆辆车封存到报废为止。种种举措，乍一看，好像是药到病除了，殊不知应有的交流渠道毁了，要用的合理资源废了，正常的工作开展受阻了，本末倒置，民众手足无措，反而削弱了政府执行力，贻害了事业发展。

落实中央政策看似简单，贯彻执行想来不难，却总有各种曲解令人哭笑不得，各种发挥令人瞠目结舌。究其原因，还是领导干部自身出了毛病。有些领导干部视力不行，只能瞎子摸象，上情吃不透，下情又摸不着。硬着头皮机械拷贝，照搬照抄，结果是老问题看不到，新问题又制造。有些人又味觉太“灵”，并以此投机取巧，各种举措相继出台，不管是否可行，只为夺人眼球，捏造噱头，彰显政绩，自恃敏感性强，却不知群众口味在何方。更有些领导干部心机不纯，对人对己两套标准，企图借力打力、借机谋权。匿名举报、追究整治各种民意反馈渠道反成了其排除异己的工具。作风问题，正如疾病的发展变化，矛盾万千。治疗起来稍有不慎，就容易从一个极端走向另一个极端。

中央提出要“坚持标本兼治，当前以‘治标’为主，为‘治本’赢得时间”。治标，是为了更好地治本。这就更要求领导干部要练就火眼金睛，要有认局识局的敏锐性，内扫自身作风之弊，外揪各类腐败之诟，且要懂得分清轻重缓急、孰是孰非，对症下药，才不会眉毛胡子一把抓。作风建设重在一个“治”。治病不是遮盖病情，欲盖弥彰，更不是乱开药方，图一时之快。必须根据不同病症，合理配置药效强度，更要规避考虑用药后的副作用。整治四风，不是政治做秀更不能一蹴而就。必须在深入了解群众疾苦，多方倾听群众呼声的基础上，具体分析歪风的强度、方向以及恶劣影响，系统全面地制订整改措施，还要密切关注社会反响及时调整方案举措，避免新问题的产生和激化。同时，还要讲求医“德”。对领导干部来说，心存善德，方能救人救己。不论治标还是治本，都要以国家法律法规为纲领，以党的组织纪律为原则，以实事求是为基础，不能脱离实际，脱离群众，更不能企图以治标为借口，以言代法、以权压法、徇私枉法，以新官僚反旧官僚。归根结底，治标是为了治本，最终靠的是全方位的体制机制，是全体党员领导干部的自觉自律，是人民群众的广泛监督。要避免急功近利，则须蹄疾而步稳，治标，准、狠、韧；治本，透、彻、深。如此，方能改善到位。

» “转非”怪象

去某机关办事，感觉服务颇到位，办公室里几位年轻人也挺敬业的，跑进跑出地忙事儿。唯独坐在一张大办公桌前的老同志在悠闲地浏览网页，好像事不关己。见我面露不满，工作人员赶忙悄声说，他是从处座岗位退下来的调研员，今天难得来单位坐坐，玩玩网络，待会儿就回去了。

近年来，随着干部人事制度以及机构改革的深化，转为非领导职务的领导干部，人数已越发庞大。如何管理好、使用好这些“转非”干部，成为一个亟待解决的课题。领导干部转为非领导职务后，有的能够继续坚守岗位，发挥余热。但也有些人由于单位疏于管理，或碍于人情面子，“睁一只眼闭一只眼”，致使其游离于管理之外，造成大量的人才浪费，加剧机关人浮于事，造成新的社会不公。

说到底，“转非”的都是党和国家培养多年的老同志，然而在现实中，有些人没摆正心态，人是退下来了，“官本位”意识还在作祟，把“转非”视作失权失势。于是情绪抵触，态度消极，每天来单位只露个影，成了典型的“一不做，二不休”，即一不做工作，二不退休。有的甚至长年不在单位，与自身的理想和民众的期待渐行渐远。另有些是泛泛之辈，多年来重布置、轻落实，很少经手具体工作，台上侃侃而谈，台下寸步难行，许多工作只能望而却步。当然也有一些是踏实肯干的，却面临诸多掣肘，前面带个“非”字，干多了不免有“名不正言不顺”之嫌，无意间会侵犯现任领导的权域，造成不必要的摩擦。久而久之，工作能动性就消磨殆尽了，所谓的“余热”就这么挥发了。

而上述的精神状态和工作态度，无疑又会影响周边人的工作热情，甚至一个单位的发展。毕竟，闲职不能等同于社会上的名誉主席、客座教授，挂个虚名了事。不能工作不干，好处全占，更不能游离于组织纪律之外。事实上，非领导干部大都有较长的工作年限，阅历深、见识广，熟悉人头和业务。倘若不能因势利导，势必造成重大的人力资源浪费。

我想，要发挥这些“转非”者的作用，还需从制度层面着手，将考勤、考核等纳入日常行为管理。推行公务员职务与职级并行、职级与待遇挂钩制度，实行公务员分类管理，改变大而统的粗放管理。对那些吃空饷、磨洋工的“转非”者，须有勇气和决心拿下。同时，也要充分尊重他们，要懂得“家有一老，如有一宝”，合理安排力所能及的工作和任务，增强他们的被需要感。而作为“转非”者，必须改变“官念”，明确自身定位，调整情绪，发挥自身经验和资历优势，做好“传帮带”，给年轻人搭把手。如此，多管齐下，才能避免“转非”者们拐向小道。

» “新常态”中的官场酒文化

中国酒文化可谓源远流长，杜康造秫酒、煮酒论英雄、李白斗酒诗百篇，可以说，中国人已经在酒缸中沉浸太久，仿佛骨子里都有了酒意，以至于把脸上的微凹都看成酒量好的标志。

然而近些年，酒文化被引入官场之中，出现了很多不和谐的社会音符。不喝酒就不办事、少喝酒就办不成事；喝酒才有交情，不喝酒就淡水之交；喝少了是礼不尽，烂醉如泥才是礼到情到。而最悲哀的是，这些滑稽之理却被很多人认为是颠扑不破的真理。于是，有的过分夸大喝酒的作用，不把心思放在工作上，喜欢在酒桌上大杀四方，“领导干部不喝酒，一个朋友也没有；基层干部不喝酒，一点希望也没有。”有的不看工作实绩，而是用酒量来衡量工作能力，“能喝八两喝一斤，这样的同志可放心；能喝一斤喝八两，这样的同志要培养”。有的把喝酒当作工作，心安理得地用公款胡吃海喝，“公家出钱我出胃，吃喝为了本单位。”

有些干部“无酒不欢”，不分时间、场合，吃饭就要喝酒，喝酒就要尽兴。酒桌上奉承迎合，拍马溜须，你来我往，好不热闹。殊不知往往在推杯换盏之间，推出去的是权力滥用，换回来的是不法利益；觥筹交错，交的都是酒肉朋友，犯的都是违法违纪的错。胆量伴酒量共涨，酒意与欲望齐涌，只要酒杯不要口碑，党纪国法抛诸脑后，人伦常理全然不顾，酒后寻衅滋事、失态乱性的大有人在，甚至醉酒身亡，身毁名辱，让人嗟叹。

官场文化与政治生态密不可分，酒文化是社会文化的一种呈现，两者自然无缝地结合到了一起，形成了中国独特的官场酒文化。八项规定后，官场酒文化已经结束“群魔乱舞，乱象丛生”的局面，正经历一场前所未有的大变革。中央下决心狠刹久治不愈的歪风邪气，八项规定和一系列整风肃纪规定出台后，官场酒文化得到了大力整顿，正逐步迈入“不拘常例，不违常情”的新常态。那些不良陋习要大力破除，坚决摒弃。各级干部要从自身做起，不要被酒局围困，在迎检评比、基层调研、业务洽谈等环节要特别警惕，免得酒不“罪”人人自“罪”。不要热心于张罗酒局，劝酒敬酒，“己所不欲，勿施于人”，自己不想参加酒局，不喜欢酩酊大醉，又何必强人所难。不要想方设法搜刮名酒佳酿，五粮液、飞天茅台这些往常的家中常备酒就不要喝了，喝多了真有飞天的错觉，摔下来会很痛。要充分认清形势，须知今时不同往日，不要为解酒馋断送前程，更不可酒虫上脑而胡作非为。

依我看，走向“新常态”的为政之道，“酒文化”不要也罢。

» 时刻警惕的灰色地带

明代文学家刘元卿的《贤奕编·警喻》里记载了一个寓言，说猎人知道猩猩嗜酒，设下陷阱，猩猩明知其诱之也，却因为贪酒，从抵制开骂，到谨慎小饮，再到大爵而忘其醉，终被捉。正所谓“夫猩猩智矣，恶其为诱也，而卒不免于死，贪为之也。”猩猩嗜酒的下场正是很多贪官腐败过程的真实演绎，明知是一条不归路，终因口腹之欲，由小到大，由抵制到半推半就，到主动伸手，一步步走向了深渊，实在生动。但也有另一种声音：猩猩如果能懂得见好就收，少贪一点，或者换种喝法直接抱酒回家，也许结果就不一样了，只要掌握好这个度，就既能品了酒，也有机会逃脱，尤其在如今的反腐高压下，不少干部正努力想做“一举两得”的猩猩。

行之有度本是行为的一种艺术，为人处世应协调做事，能够懂得分寸，恰到好处，往往能取得事半功倍的效果。却有领导干部自作聪明地将其引到了个人作风上，企图在廉政和腐败之间找到黄金比例，打造一片祥和的灰色地带。

不同于已经落网的“许三多”之辈，这些人的秘诀是“三不贪”原则。一是“不大贪”，老虎、苍蝇目标大，那就做蚊子，能吸一点是一点，搞点月饼、贺卡之类“小问题”无伤大雅，小贪小占，大贪不犯，美其名曰“坏”得刚刚好。二是“不明贪”，星级酒店、高档会所目标大，那就转为地道战，食堂、偏僻小馆，规格照样上得去，更有上层次的“雅腐”、“智腐”等选项，硬能把国家专利变成了一己“钻”利。三是“不强贪”，某官在法庭上说：“那些不给钱就不办事的人是‘暴力腐败’；像我这样，在为人办好事的情况下收点钱，是温和的，所以我说自己是一个温和腐败的县委书记。”如此理论，让人大跌眼镜，却也让某些收了好处一直得不到心理解脱之士大开眼界。

运动场上，关键时刻打个擦边球，既是显了实力，也能扭转赛势，自然人人称道。而在廉政问题上，也企图靠擦着红线捞点好处，不管拿了多少，如何掩人耳目，岂知伸出的那只手早已出界，必人人恨之。《菜根谭》有言“人只一念贪私，便销刚为柔、塞智为昏、变恩为惨、染洁为污，坏了一生人品。”你看，“廉”和“腐”，都在同一个“广”的框架下，内部却截然不同，一个“兼”字有棱有角，刚正不阿；另一个却是寸寸烂肉，由内而生。自以为可以浑水摸鱼的灰色世界，其实根本不存在。再有分寸，再有技巧，也许侥幸隐藏一时，终难逃一世。

陈毅在诗《手莫伸》中写道：“岂不爱权位？权位高高耸山岳。岂不爱拥戴？颂歌盈耳神仙乐。岂不爱粉黛？爱河饮尽犹饥渴。”人性本能，无可非议，但君子之爱，当取之有道。面对糖衣炮弹，该考虑的，不是千方百计去躲过猎人喝那一口酒，去规避风险伸一次手；而是要懂得修身养性。当然，这也有赖于社会和政府的全面监督和机制保障，让广大干部“不敢贪、不能贪，不想贪”。事实上，标本兼治、勤廉并重的惩防体系正在建立健全。

《黄帝内经》曰：正气内存，邪不可干。腐败有度，不如及早渡善，回头是岸。相信广大领导干部的自控能力，莫涉灰色地带，莫尝猩猩之酒。

» 敢于碰硬的紫色地带

紫色，是我国封建时代三品以上高级官员的朝服颜色，我们也常用“红得发紫”来形容那些官运亨通、仕途畅达的人，他们居庙堂之高，享无上之权，可谓国家重臣、中流砥柱。然而到了今天，有些领导干部脱去了朝服，却割舍不掉封建特权思想，把希望寄托在那一抹紫色带来的荣耀和庇护下，而这，往往会成为横亘在反腐向更高层级深入推进的无形的墙，不能不引起深思和重视。

古人讲“刑不上大夫”，是对特权阶层的一种纵容，而“刑不上常委”，是这种特权思想的代表和延续，这与法制社会推崇的法律面前人人平等相悖，也与当前消除贪腐的强烈民声和如火如荼的反腐形势不符，必须予以坚决破除。

历史和实践证明，我们要实现长期执政，获得人民群众真正的拥护和爱戴，带领广大人民群众实现“中国梦”，首要的是“打铁还需自身硬”，要敢于动真碰硬，敢于刮骨去毒，不断净化纯洁自身肌体。

不可否认，腐败分子大都是我党辛勤栽培的干部，也曾在社会主义革命建设事业中做出贡献，某种意义上可以说是“功臣”、“自己人”。正因如此，随着反腐的深入，一些歪理邪说也开始出现，诸如反腐影响我党形象，影响人民对当前制度的信心等。此外，贪腐官员作为曾经或正在掌权的国家管理者，手中有很大的资源，代表了一些群体的利益，对他们动刀，就是对既得非法利益的清算，大小苍蝇、各色老虎鬼哭狼嚎、坐卧不安，既惮于党纪国法的高压线，又不甘心坐以待毙，接受应有惩处，千方百计阻挠反腐大计，甚至会狗急跳墙，作困兽之斗。所以，在当前依然严峻复杂的形势面前，将反腐向代表权贵的紫色地带深入推进，打赢反腐这场攻坚战，需要坚定的理想信念、大无畏的革命精神和极高的政治智慧。而这也是真正取信于民，严厉惩戒贪腐的必由之路。

下至基层科级，上至国级常委，在当前这场前所未有的反腐风暴前，无人可持“免死金牌”，都将面临同等的法律准绳，这彰显了新一届国家领导人致力于作风建设和反腐败“咬定青山不放松”的坚强决心，“作风建设永远在路上”的坚定恒心。而那些身着紫衣或者有紫衣情节的官员们，更应该早日看清形势，丢掉一阵风的幻想，自觉回头，因为这场反腐风暴将以秋风扫落叶、不可阻挡之势，还江山永固于国，风清气正于政，公平正义于民。

» 对“精神困乏症”说不

近日，一则92岁院士在人民大会堂站着做报告，学生趴着打瞌睡的消息引起哗然。台上白发苍苍的九旬老人和台下九零后的年轻面孔；台上功勋卓著的院士和台下知名高校的研究生；台上的坚持站立和台下的趴倒一片，鲜明的对比触痛了大众的神经。

一时间，震惊、遗憾、谴责，乃至声讨不断，而更多的是不解和担忧。这些年轻人究竟是怎么了，高校的精英，祖国的未来，本应蓬勃向上。面对多少人梦寐以求的学习机会，面对这样一位令人起敬的老师，没有时刻的珍惜，更没有起码的尊重。说道德缺失可能略显严重，说他们身体疲劳又牵强附会，归根结底，还是人的精神出了问题，得了精神困乏症，才会如此无视环境、无视别人、无视道德，习惯性趴下。

所谓“精神困乏症”，一般有两大病状。一是“困”，茫然困顿。“困”字本身是木困口中，四面封闭，走投无门，于是失去目的，失去原则，什么都不感兴趣，不明就里，不愿深究。二是“乏”，就是缺少精神气，精神的匮乏。毛泽东主席说过，

“人是要有点精神的”，精神是一种信念，更是一种力量和积淀。失了精神的支撑，空有外表，自然萎靡不振，毫无气势。年轻人正处于逐步踏上独立自主的阶段，对于自己，对于社会，难免迷茫、困惑，一旦沉沦，失了自我，就容易患病。明明是充满朝气的年龄，没了精神的力量，就死气沉沉，再高的智力、再强的体力，也无力付诸于实践，又谈何做事创业，谈何肩负责任。再看看我们社会周围，也不乏这样的患者。马路上游手好闲的，办公室无所事事的，娱乐场所虚度光阴的，日日睡眼惺忪不知所终的，失了精神，归根结底会失了自己，失了人生。

人吃五谷杂粮，难免有身心疲惫之时，需要修养生息。但身体困乏了，只要倒下睡一觉，自然精神百倍。即使无法休息，只要精神不垮，那就不会倒。你看那些日夜坚守、全心奉献的人民公仆，那些夜以继日、干事创业的有志之士，哪曾趴下过一次。相反，人一旦精神困乏了，人心就倒了，身由心动，别说35分钟，即使是1分钟，那也是行尸走肉、烂泥扶不上墙。而且，这种精神“传染病”，无孔不入，严重影响到周边意志力薄弱、免疫力低下的人群，导致一个接着一个，一群接着一群的趴下。如果一直困乏，一起困乏，必然引起社会的困乏，一个时代的困乏，最后导致国家发展的困乏，蝴蝶效应何其可怕。

心病还须心药医。治疗“精神困乏症”，个体是关键。要懂得及时自我剖析，自我积淀，正确认识当前的环境和人生所处的阶段，从而找到合适的位置和肩负的责任，找到适合自己的发展目标和奋斗方向，找到属于自己的精神气和生命力。只有免疫力提升了，才能把病毒抵挡在外。当然，也需要社会、所处的集体，包括学校，通过相关制度、举措和手段，来营造健康包容的个性成长环境。既要避免强行对接的灌输模式，也要避免听之任之的漠然态度，正确引导、逐步感化，全面激发个体的热情和精神，从而避免类似精神困乏之症的出现。

» 五官杂谈之管好你的嘴

领导干部要管好自己的嘴。怎么管，不能只停留在嘴上。人的一张嘴，无非就是说话和吃饭。管好自己的嘴，就是要控制好自己的语言和饮食。望文生义，“嘴”字除了一个口，右上方是个“此”字，强调的是此时此刻、此情此景。说话吃饭都要讲究时间和场合，不能乱说乱吃。右下方是个“角”字，就是说，说话要注意角度，要有技巧，要有讲法。如果环境和角度这两方面把握不好，就应了我们的一句老话：“病从口入，祸从口出”。

“病从口入”说的是吃饭这个问题。这个“病”，一指身体的不健康，二指精神上的不健康。有些人不管什么东西都敢吃，无约束、无节制，于是肥胖症、心血管疾病、脂肪肝、三高等富贵病纷纷找上门来。古话说：“要想身体安，三分饥和寒”。健康身体就要控制好饮食，注意低脂、控制盐量、戒烟少酒、多吃蔬菜水果……为自己的幸福生活维护好革命的本钱。

有些领导干部，吃喝之间就会把党性原则抛在脑后，奉行“只要不往口袋揣，吃喝就不算腐败”、“不吃白不吃，白吃谁不吃，吃了没人抓，不吃没人夸”的怪诞逻辑，不管什么饭都要去吃，甚至沉迷于比规格，以享受权力人生。结果是助推了整个社会的浪费现象愈演愈烈，公款吃喝浪费越发严重。领导干部的这种“舌尖上的浪费”，就像一座无形的墙，把执政党和人民群众隔开。觥筹交错何其光鲜，迎来送往何其热闹，殊不知，就在推杯换盏之间，党风政风已被喝坏；胡吃海喝之时，党群干群关系已被疏远。他们不仅吃掉了艰苦朴素的光荣传统，还吞噬了社会之公平、政府之清廉。“天下没有白吃的午餐”，人家请你去吃饭，不是由于感情深，而是人家对你有所求，平白无故是没有人请你吃饭喝酒的。有很多本来清廉的干部，就是因为没能管住自己的“嘴”，随便吃喝，慢慢地嘴巴越吃越大，胆子也越吃越大，权力在握无所不吃，最终吃空了人格，也吃掉了乌纱帽，甚至吃进了死牢。

“祸从口出”指的是说话的分寸。讲话，是一个领导干部必须具备的口头表达能力，同时也反映出一个领导干部的思维能力、文化素养和道德养成。然而，在现实中，有些干部“巧言乱德”，口无遮拦，想说什么就说什么，想怎么说就怎么说，不分场合、不分对象，对中央和上级的决策及工作评头品足、说三道四、滥发议论。有些干部习惯说假话、空话、大话，评价人和事，经常是非混淆，指鹿为马，或把无说成有，把小说成大，或报喜不报忧，说成绩总是有一扩十，侃侃而论；触及问题时，则有十缩一，说得无足轻重。还有些干部喜欢以权压人，自恃高人一等，不注意形象，语出伤人，满口荤话、粗话、脏话，嬉笑不分场合，调侃不看对象，谈吐不顾影响。有些干部“不可与言而与之言”，不遵守组织纪律，泄露了国家机密。于是“不管你信不信，反正我信了。”“我是北京派来的干部。”“不拆迁，知识分子吃什么。”这些雷人语录不合时宜的出自干部之口，成为了网友们调侃的对象，也丢尽了“人民公仆”的脸。

嘴，吃进去的是食物，说出来的是语言，管好自己的嘴，就是要管好这“一进一出”。“有德者必有言”。作为一名领导干部，最根本的还是要加强党性修养，以党员干部的标准严格规范、约束自己的言行。做到言必适时，言必适情，言必适度。真正把握好说话吃饭的环境和角度，杜绝入口之病、出口之祸。

» 五官杂谈之用准你的眼

“心生于物，死于物，机在目。”眼睛是心灵的窗户，是人对外之感观的主要来源，它不但影响人的思维判断，而且与人的素质、境界之形成有着一定的关系。而作为引领社会进步的领导干部的眼，向哪里看，怎么看，看到了什么，就不仅是个人的问题了，升华起来，便是与战略眼光、历史眼光、世界眼光挂钩了，因而也就决定着一个单位或地区的发展。然而现实中，有很多领导干部的眼睛并没有调准焦距，他们的视线总是偏离了对象，发生了不应有的偏差。

有些作领导喜欢往上看。他们媚上欺下，在上级面前耍小聪明，搞一些“吹”、“拍”、“送”。他们的眼睛除了朝上，平时大多是闭目塞听，孤陋寡闻。这是坐井观天的青蛙眼。时间久了，这种人颈椎就不好了，没了自己的价值判断，更严重影响了党在老百姓心中的形象和地位。反之，领导干部多往下看，往基层看，往群众身上看，往矛盾最集中的地方看，却能发现问题，看准问题，直至解决问题。正如习总书记强调的：干部要牢固树立群众观点，切实改进工作方法，坚持“眼睛向下看，身子往下沉”，用更多的时间到基层去，到第一线去，提高做群众工作的本领。及时了解在上面难以听到、不易看到和意想不到的新情况、新问题，了解百姓疾苦，掌握第一手资料，向群众问计问策，如此，才不枉“公仆”的身份。

另有些领导干部习惯于往后看。这号人自认为劳苦功高，喜欢跟人讲自己的革命史，上体会课，躺在功劳簿上自鸣得意。这种经常往后看的人，自然很少顾及脚下，所以也容易跌跤。当然，他们有时候也往前看，但目光短浅，总局限于眼皮底下的事情，只追求那些急功近利的政绩，做一些一阵风行动或面子工程。因为惯于后视，所以略有些经济增长就沾沾自喜，至于眼前群众所关注的切身利益，却是视若无睹。久而久之，这种人就会犯青光眼、白内障。他们看不清群众在哪儿、民意在哪儿、发展的根本在哪儿，最终成了瞎子摸象。反之，领导干部多往前看，善于把握现在、思考未来，以发展的眼光看问题。如此，便能做到胸怀全局、高瞻远瞩，正确处理工作布局、重点、步骤等一系列事关发展的关键性问题，才能真正推动事业的发展。

还有些领导干部不知道怎么看。这一方面是能力问题，另一方面是见他人或往上看或往后看，想仿效又觉得不屑，只弄得自己也失去了方向。其实很简单，人有两只眼，就是要我们凡事都要辩证地看。以看人为例，每个人都有优点和缺点，有成绩也有错误。倘若我们总能将两个方面结合起来看，认真权衡、分清主次，就可以对一个人的总体面貌作出正确的评价。同时，还要发展地看，把握人的可变性。人的思想、感情、知识、能力都是随着环境的改变、时间的推移而不断变化的。领导干部识人用人，既要看到他过去的功过，也要看到现在的表现，更要看将来的发展，切不可用有色眼镜看人，把人看“僵”了、看“死”了。

当然，领导干部也非神仙。很难像孙悟空那样练就一双火眼金睛，也不可能拥有太上老君的三味真火。看人看事都能入木三分这是强求，但至少可以加强自我修身，加强自我修身的关键在于首先要正视自己，也就是说，要对自我及所肩负的职责有个正确的认识。有了这个前提，便可以做好两点：一是开阔眼界。眼界，不仅仅是上下眼皮之间的目力所见，更是“思接千载、视通万里”的心神所至。眼界宽，见识广，有利于了解形势、认清趋势，有利于解放思想、更新观念，有利于取长补短、拓展思路。眼界宽，才能把握时代脉搏，作出正确的判断和决策。二是有所不视。要做到非礼勿视，端正自身的作风。“眼”字的右边是个“艮”字，《易经》中有个“艮”卦，其《象》曰：君子思不出其位。“思不出其位”，就是要“知其所止”、“止其所止”，当行则行，当止则止；当说则说，当看则看，一切必须审慎抑止为是。如此，才是立身立行，不会被花花世界迷乱了眼睛。

总而言之，作为领导干部，用好你的眼睛，才能发挥好领导作用。这就需要比一般人看得更广、更远、更深一些。只有这样，才能多方面、多层次、多角度地去观察和分析问题，才能善于从全局、宏观、长远上认识和把握问题。

» 五官杂谈之疏通你的耳

耳朵被誉为人的“第二只眼睛”，是获取外界信息的重要渠道。据有关“沟通行为”的比例调查发现，日常生活中，大约百分之十六的信息来源于听，仅次于眼睛获取的信息量。因此，作为领导干部，如何防止被诸如“阿谀奉承”之类的耳屎所堵塞，极大限度地用好“听”的功能，便不仅仅是能力和技巧的问题了。

“聽”，《说文解字》解释为：由“耳、壬、直、心”四字会意。“壬”是人直立的样子。组合起来，意思就是声音通过人的耳朵直达于心，用心领悟。所以，说耳朵是心灵的桥梁，是声音的接收器并不为过。从听见到听懂，靠的是“心”。人们常用“一只耳朵进一只耳朵出”形容听者不用心，听过即忘，这是有科学依据的。据统计，一段信息，通过听，被人接受记住的信息量大约只占全部的百分之三十，因此，要想获取全面完整的信息，光用耳朵还是很不够的。“聽”字右半部分拆解开来是“十目一心”，这就意味着听还需要结合眼睛的观察、心灵的体会。

善于听的人，往往有“眼观六路，耳听八方”的本领，有一心一意、心无旁骛的态度和专注。领导干部不仅要听上级指令，下级汇报，更要结合考察、调研，到群众中当去聆听，去听他们的“心里话”，去听他们的真实诉求。

“聽”字右半部分同“德”字的右半部分一样，是个“悳”字。上面是“直”，下面是“心”，这似乎是说，真正意义上的“听”，除了要具备耳朵这个硬件基础，同样重要的是还要有一颗正直向上的心。有些领导干部，因为心不正，听力就出了问题。心不正，没有容人之心，结果导致忠言逆耳，耳朵就塞住了。听不进建议，听不得批评，单位上下有怒不敢言，有话不敢讲，结果造成“一人独唱，众人和”的无监督的被动局面。这样的“一言堂”，看似统一了言论，却涣散了思想，离散了人心。音乐之所以好听，就是因为有不同的音调巧妙组合而成，和而不同，有“不同”，才有真正的“和谐”。领导干部要学会像欣赏音乐一样聆听不同的声音，听音辨位，听音识人，听音明事；心若不正，眼里只有政绩、功名，最容易丢的是体察之心，有些领导干部对老百姓的疾苦声充耳不闻，对老百姓的需求声置若罔闻，对老百姓的反对声一笑了之，更有自作聪明者，掩耳盗铃，以已未闻，而天下莫能与之闻，这样的“失聪症”，不仅失了领导干部的职和责，而且最终失掉的是老百姓对政府的信心。此信心一失，便要波及民心。

耳朵长在人的脑袋两侧，一边一只，这种平衡的结构，寓意着我们在听的过程中，也要做到平衡、平等、公平。正所谓“兼听则明偏听则暗”，单信一方之言，会愚昧不明，面对复杂问题，既要听公家理，也要听婆家话，广开言路，方可获得全面信息；要摒弃过往经历在脑中已经形成的固有偏见，公平无私地听，客观公正地听，实事求是地听，洗耳恭听，让信息畅通无阻，不以私心成见为信息筛选过滤的阀门；听不同对象的话要一视同仁，不因对象权利、财富的拥有而有所偏倚，上面的话要听，下面的话更要听。

“听”是一门艺术，更是一门学问，善于倾听的人更能赢得人们的尊重。作为领导干部，要身正、心正，才能耳正，领导干部不仅要做“顺风耳”，还要“耳听八方”。要时常疏通耳朵，不能堵塞。只有听得进，记得住，才能容得下，解得了。

» 官员的艺术与权术

近年来，随着民众对官员素质的要求不断提高，“领导艺术”也逐渐成了热门词语。所谓“领导艺术”，并非指坐在台上口若悬河，或设计个龙飞凤舞的签名，或下个基层涂些墨迹之类的花拳绣腿，而是指领导者的素质和能力在日常工作中的综合体现。

不光要领导得好，还要让百姓感受到“美”。说好听点，就是站在“审美”的角度，对公仆们提出更高的要求。而这样的“审美”由谁来审，自然就是咱们的老百姓了。从管理学的角度来说，这便需要领导者在一定知识、经验和辩证思维的基础上，富有创造性地灵活运用学识和管理方法。

倘若我们每一位领导干部都能具备领导艺术，当然是国家之福、百姓之福。偏偏总会有一些滥竽充数的南郭先生，把“权术”认作“艺术”，所谓的工作能力充其量是在形式上做文章，而其真正的功夫则下在满足私欲上。这种表里不一的手段说到底是在玩弄权术，与“领导艺术”一丝儿也不搭边。在我看来，一些人的“领导艺术”只注重对自己政绩的“艺术加工”。政绩好处全揽身，有一化十，过错责任打太极，不留痕迹。他们表面上密切联系群众下基层，实则带着媒体浮光掠影走秀场，回去后杳无音讯当作梦游。于是惠民政策一箩筐，实则“壳里空”，白白让群众心花怒放一场。更有聪明者，把“领导艺术”体现在对掌权的“艺术处理”上。对古代封建官僚的权术之争、厚黑学颇有研究，甚至学得入木三分。对上投其所好，对下笼络人心，只为巩固地位，不断高升。这种人看似尊重上级、爱护百姓，实则是“披着羊皮的狼”，是笑面虎。表面上统筹大局促和谐，却往往是暗藏杀机，人前一套背后一刀，顺我者昌逆我者亡。活脱脱“权奴”一个而已。倘若以为这就是领导艺术的最高境界，那就大错特错了。殊不知古人早有警言：机关算尽太聪明，反误了卿卿性命。

领导权术和领导艺术，都是方法论的一种。看似一字之差，却初衷不同，一个谋权，一个谋事。目的也不同，一个美自己，一个美天下。于是，结果也就大大不同。说到底，也只有心里始终装着群众，装着国家，通过自身知识和素质的提高，来对症下药，因地制宜，把握好用人、看时、协调三方面的关系，从而提高领导效能，更好地为民服务，这才是领导艺术的意义所在。领导干部不妨静下心来想想群众的审美标准究竟是什么。多一些实打实的“艺术”气息，少一些赤裸裸的权术动机，多一些手掌温度，少一些手腕硬度，群众一定能感受到其中的美好。权术还是艺术，就看你怎么取舍，如何把握。

» 用对你的手

手的功能有很多，不胜枚举。作为领导干部的手，就要熟练掌握抓、指、写、干、握等各个基本动作，其运用的技巧与到位程度，不仅是个人能力的综合体现，更是一个部门或一个地区发展的关键。领导干部要体现坚持两手抓，两手都要硬的道理。要既抓当前，又抓长远；既抓全面，又抓重点；既抓发展，又抓稳定。一些领导干部口里说着科学发展，实际却只注重眼前的效益，结果经济增长了环境破坏了，将子孙后代的发展空间提前透支了。至于推托、拍马屁、眼高手低、游手好闲等这些手的不良动作，更需要我们提高有效的防患意识。

哪些能抓，哪些不能抓，是抓重还是抓轻，这个分寸感的掌握显然是个学问。有些领导干部大事小事一把抓，迷恋于权欲。一个不会抓工作的领导，其部门的管理肯定是混乱的，特别是那些“一把手”们，切不可玩弄权术，要学会分权管理、授权管理。抓得太紧了，会把自己的手扎到的。当然，抓得太松也不行。有些人在其位，不谋其政，歪曲“无为而治”的真正涵义，放任不管，渎职不作为。群众批评政府机关是以文件落实文件、以会议贯彻会议，领导干部光磨嘴皮子，不动真格子。确实，有些领导干部就是不屑于做具体工作，就喜欢坐在办公室里发号施令，说大话，唱高调。总之，领导干部要运用好“握紧”和“松开”的技巧，政策性、全局性的工作必须一揽到底，事务性、一般性的工作则要放手，抓的时候要抓重点、抓主要矛盾，抓住全盘工作的关键。放的时候，给下属责任和权利，使下属承担责任的同时也促其成长。

作为领导干部，也要具备指明方向、指点迷津的能力，说白了，就是要有一定的决策和指导工作的水平。这就需要你去深入调查研究，找准影响工作进展的主要症结，讲究策略与方法，以利于解决难题。但有些领导把“指”理解为居高临下，他们或摆架子，颐指气使，或充内行，乱点鸳鸯谱，变“指点”为乱插手，让下属手足无措，甚至贻误正常的工作。

领导干部还要多与人握握手、牵牵手。握手就是要与人为善，有包容的胸怀和气度，善于团结一切可以团结的力量，充分调动各方面的积极性，为工作营造良好的外部环境。牵手就是要有志同道合之友，任何一个成熟事业都要有一个干事创业的团队，要有一群能一起面对风险、承担责任的骨干。领导干部要打造出自己的核心团队，共同推动事业发展。

有些领导干部的手功能弱化了，报告、总结，甚至日常讲话、会议主持词都由秘书或下属代劳，其思想、观点和语言大多是别人的，对所论述的事务缺乏深入了解，对所说的意见、办法、政策也无法做到心中有数、胸有成竹。久而久之，退化的不仅是动手能力，更是思考能力、分析问题能力、深入生活能力以及理论联系实际的能力，成了“拍脑袋决策，拍胸脯保证，拍屁股走人”的“三拍干部”。

勤用手，用好手，更关键的是不乱用手。汉朝的文帝、景帝没有世人皆知的大工程大事迹，其核心治世理念就是“休养生息”，也就是不折腾、不乱作为，实现了社会清明、百姓安居，被称为“文景之治”。而隋炀帝修建京杭大运河、三征高丽，不可谓不勤政，却最终国破身亡。现实中，有些领导干部表面上在做事，尤其还喜欢大手笔，动则国内第一，世界之最，实际上搞的是“面子工程”、“政绩工程”，这种乱作为实在可怕，劳民伤财，过度消耗资源，给地方政府带来巨大的财政压力，惹得民怨沸腾；有的本职工作没干好，却热衷于乱伸手，该管不该管的通通都要过问，能办不能办的通通都要办，甚至一手遮天，漠视法制、民主和制度的规范，这是权力观出了问题；还有的面对诱惑没有管好自己的手，把手中的权力作为谋私工具，捞取好处的方便之门，手脚不干净了，清白做人也就无从谈起了。莫伸手，伸手必被捉。古话说，“鱼见食而不见其钩，必亡；人见利而不见其害，必贪”， 利用手中的权力，吃拿卡要，贪污受贿，最终是用自己的污手将自己送进牢笼。总之，作为一名领导干部，不仅自己要做到廉洁自律，更要做到反腐倡廉常抓不懈，正如习总书记强调的："关键就在'常'、'长'二字，一个是要经常抓，一个是要长期抓。我们要坚定决心，有腐必反、有贪必肃，不断铲除腐败现象滋生蔓延的土壤，以实际成效取信于民"。只有深入基层，握紧群众的双手，把牢民情民意脉，和老百姓做到十指连心，方能真正担负起领导干部的职责，做好工作。

» 走正你的路

人的两只脚是用来走路的，路上有鲜花，也会有泥潭，有高坡，也有低谷。但不管怎么走，都得一步一步迈出来。人生之路，看似各有各的走法，却也有道德准则：不得横行、不能倒退。而作为领导干部，要走好一条路，首先要把握正确的方向。哪里该去哪里不该去，要走正道，而不是斜路。社会是个大染缸，特别是身居高位、地处要职、手握重权者，倘若抵挡不住各种诱惑而拐入偏道，就容易失足，甚至深陷泥潭而不能自拔。

俗话说，“千里之行始于足下”。首先你得把脚落到实地。脚踏实地是稳步的前提。不积跬步，无以至千里。做领导的倘若无视社会发展规律、自然条件等限制，好大喜功，急功近利，妄想一蹴而就，一步登天，就像幼儿脚未站稳就要跑，其结果是不仅路没走好，还会弄伤了腿。历史教训告诫我们，不以实事求是的态度，不遵循社会现实，而去实现大跃进式的发展，到头来，吃苦的还是自己。

脚落实地，用流行话说，就是接了地气，就会与老百姓和社会有紧密的联系。大树要想长得好，根就要扎得深。只有深入基层、问情于民，才能真正按人民的意愿和需求推动社会的发展。有些领导干部走路喜欢仰头看天，不注意脚下，忽略了脚下的路况，难免要栽跟头，殊不知只有脚下的地才是支撑，没有了这个基础，连走路都是空谈。有些领导则不懂行步的速度。须知，你走得太快，团队就可能跟不上，因此你不能急功近利；你徘徊犹豫，团队就会无所适从，因此你不能举步不前。

有些路“看似寻常最崎岖，成如容易却艰辛”，需有坚韧不拔的意志方可完成。很多政策、工作措施也一样，需要领路人的信心和耐力去克服。有些路像似“蜀道”，难于上青天，让人望而生畏。其实任何一项工作，都难免遇到困难或阻力，当今社会转型期尤为如此。在困难面前裹足无措、不知路在何方的人，必定失去机遇，成不了气候。走这样的路，须有勇气和信念，还要讲究行走技巧，如路窄的地方侧身走，陡峭的地方得俯身。世上本无路，走的人多了也便成了路。行路难，行别人不曾走过的路更难，领导干部就得勇于做拓荒者，敢于涉险。逢山开路，遇河搭桥。一个地区的发展，走老路或跟在别人后面走都不行，必要时，就得绾起裤脚淌水，就得有应对急流、旋涡的勇气和智慧。也就是说，你作为一个地区或一个部门的领导，面对社会不断出现的新情况、新问题，要敢于破冰，敢于打破陈规，勇于探索创新。

路，在你的脚下，就看你怎么走。

» 你为谁“卧底”

近日，某地城管白天执法，晚上变身小贩摆地摊的行为引起了社会的关注。但其单位答曰：该城管人员是在执行“卧底”任务，旨在通过“换位思考”，深入了解小贩们的实际情况，便于今后提升管理水平。此话一出，倒是值得质疑了。略微推敲一下，我认为这要么属被动的推托之词，要么就是这些人脑子进水了。说推托之词，是指眼前有些机构部门，一旦发生触犯众怒之事，总是显得淡定而应付自如，或以“临时工”作替罪羊，或以诸如“信不信由你，反正我信了”等来搪塞，还有的就像这个城管机构，挖空心思编出个“卧底”之词作自我解脱。但倘若“卧底”所言属实，那么说他们脑子进水也就不为过了，因为他们的观念已经发生了严重的偏差，竟然将管理与被管理者设定为敌对矛盾，把低层民众视为狡猾的团体而硬生生地置于政府的对立面。

谁都无可否认，老百姓作为社会生活和社会实践的主体，对社会的发展有最直接、最真实的感受，对困难、需求、愿望有最迫切、真实的反映。“知屋漏者在宇下，知政失者在草野”，最想发展什么，政策好不好，老百姓最有发言权。现实中，那些“门难进，脸难看，话难听”的衙门作风，以及时不时爆出“你是代表党说话，还是代表人民说话”、“领导就得骑马坐轿，老百姓想要公平？臭不要脸！”之类的雷人话语，归根结底就是官本位在作怪。他们不仅漠视群众的参政议政权，甚至千方百计逃避社会监督，遇到群众所要争取的利益，第一反应就是“刁民滋事”，第一行动就是想方设法严防死守，硬性维稳，于是出现了买口罩实名制，买汽油实名制这些怪招，这不仅与当前民本思维格格不入，而且是十分错误和危险的。就在最近，某地方政府在引进企业、实施项目过程中，惹得民怨沸腾，甚至走上街头抗议，就是因为看似建功立业的行为，实则缺乏广泛的民意基础，没有将群众的切身利益放在第一位，自然也就得不到群众的支持而举步维艰。

心之所向，才能身之所往。《荀子》云，“水能载舟，亦能覆舟”。说的就是注重民众的作用，以百姓为根本。而城管的“卧底”思维，恰恰就是侧重于覆舟，而忽略了载舟。一个将普通民众视作敌人甚至需要派“卧底”的管理机构，民众会与你一起载舟吗？换句话说，如果你不愿意与民众一起载舟，那么覆舟的担心必定会从行为中体现出来，于是所谓的卧底也就成了被动而做的课题。反之，倘若真正做到心为民所系，情为民所动，老百姓自然就会与你心贴心且同舟共济。

从群众中来，倾听群众的声音，汇聚群众的智慧；到群众中去，深入调查群众的实际情况，把好的政策落实到群众中去。这“一来一去”，做起来其实也并不复杂。大概就是因为并不复杂，所以老是被有些个政府部门玩出许多花样来。须知，这可不是走个过场，求个形式，不是你追我赶的猫鼠游戏，更不存在派个卧底掌握“刁民”把柄什么的重大使命，而是要求在情感上与老百姓作紧密联系。让老百姓的诉求或表达顺畅无阻，是政府工作实事求是的精神体现，更是一项具体而庞大的系统工程，需要充分发挥我们的智慧和实干精神扎实推进，而不是高高在上发号施令，或者脑袋一拍、大笔一挥的随意行政。只有以一切为了群众为理念导向，才会在工作中不断思考和换位思考这些问题。

» 给迷信之路封道

科学是社会进步与发展的必要元素。但在现实中，总会有那么些个领导干部，或明或暗呈现不同程度的迷信。从表面上看，好像是这些人素质低下，其实恰是理想动摇、信念滑坡的表现。对他个人而言，这是可悲，对社会来说，实属可怕。

韩桂芝，黑龙江省原政协主席，此人为了避“两规”而整天躲在家里烧香拜佛，祈求佛祖保佑。丛福奎，河北省原常务副省长，该君听到“女大师”的一句“你快高升了，要想上升，就得拜佛”，就信以为真，烧香拜佛遂成了“精神支柱”。还有湖南攸县原县委副书记刘龙仔，平时懒于学习，倒是潜心研究佛学与道学，家里头长年供奉观音，据说被抓时身上竟揣有5道“护身符”，都是从庙里求来的“保命符”。说到底，这些人之所以迷于神恋于佛，原因就在于心中有“鬼”。事实上，烧香拜佛、护身符之类都难以改变贪官们的命运。

一边是大肆贪污受贿，一边是小心求神保佑，如此两面人的生活，无疑属于笑话。究其成因,就是腐败之心导致人生方向迷失，正所谓心鬼作祟，必定做贼心虚，为解脱精神虚脱之压力，安抚内心某种恐惧，或求飞黄腾达，仕途顺畅，烧香拜佛便很自然地成了精神生活上的一根救命稻草。而很多官员的迷信还不仅仅是这么简单，如“风水”，大多是建立在损公利己的基础上的。君不见那些形象工程的选址“风水费”，有哪个官员会自己掏腰包？换言之，如果都要官员本人来承担此类巨额费用，官场风水就热不起来了。在全社会倡导科学生活的今天，官员仍如此迷于风水，其对社会的发展与进步，显然是一种阻力。其在暴露变态心理的同时,无疑也严重损害了政府在百姓心中的形象。

“可怜夜半虚前席，不问苍生问鬼神”。风水侵官场，官员爱迷信，不仅败坏风气，更是损国害民。现实中，有不少官员因思想空虚，志趣低俗，以至于消极颓废；有的痴迷升官，把仕途升迁当作是理想追求；有的总觉得人生失意，内心失衡，归根结底，都是因为缺乏健康向上的原动力而转为跪拜鬼神。正所谓理想的滑坡，是伤人致命的开始；信念的劝摇，是走入歧途的根源。对领导干部而言，绝不能把人生信念视为“私事”、“小节”，同时还要控制自己的欲望，做到不为欲所困、不为欲所害。否则，那些迷信和低级趣味便会很快前来敲门拜访。

明辨是非、克己慎行、自我陶冶、自我完善，选择正确的个人爱好，提高道德素养，摆脱低级趣味等，不仅是每一位普通公民所追求的境界，更是对领导干部的合理要求。作为领导干部，唯有坚定理想信念，才能守得住根本，经得住考验，始终站得正、立得牢，不被鬼神牵着走，才能在复杂环境中保持清醒头脑，在明辨是非中锤炼品行。倘若理想信念失守，转而求信鬼神，甚至贪污腐化为非作歹而求拜鬼神宽宏，显然是太过幼稚了。就算这世上真的有神灵存在，也不可能保佑罪人的恶行。

» “贤”妻之鉴

近日，一则“安徽官员被女贼举报家有巨款 妻子欲顶包救夫”的新闻随着该名妻子的出庭受审，再次成为人们热议的焦点。事情始末原是盗窃犯为求立功，举报自己曾盗走官员家中200万余元财物。那官员的妻子为了掩护丈夫，则主动投案顶包，企图罪责全揽，却经不住调查推敲，于是夫妻双双落案。

这样的“贤妻”，可能是很多男人，尤其是贪官们梦寐以求的。关键时刻能挺身而出，甚至不惜牺牲自己，真正是把传统妇女的“三从四德”诠释得淋漓尽致。可以想象，在妻子昂首走出家门，只身自首的那一刻，丈夫的心里应该感慨万分，有妻如此，夫复何求。只是，最终的结果，又怎能如他们所愿。

且不论这一出自作聪明的“弃车保帅”是如何地令人发笑；也不论身为丈夫的男人，为逃避责任而让妻子顶罪，是多么地令人不齿，就为了所谓的百万钱财，明明是一对“岁寒知松柏 ,患难见真情”的可以演绎人间佳话的夫妻，却沦为了“沆瀣一气、臭味相投”的一丘之貉，心里着实不是滋味。

纵看那些落马的苍蝇老虎，家有如此“贤妻”的不在少数，在得知亲人贪污时，或充耳不闻、听之任之，或里应外合、狼狈为奸，而在东窗事发时，第一动作都是替夫掩盖罪行，企图瞒天过海。枕边吹的是贪婪风，手里用的是贪赃财，白天做的是亏心事，夜夜怕的是牢狱梦，这样的家庭生态，怎么能健康？

贤妻的“贤”字，其本义是管理钱的人。其繁体字左边是个“臣”，是竖立的眼睛，意为“主人的眼睛”。右边的“又”，是手。下面的“贝”，是钱。意思是说，有德才的人，懂得用自己的眼睛和手控制钱。我们所说的内助之贤，就是要用自己的手和眼睛帮助丈夫管好家庭的财产，理好应得之财，杜绝不义之财，用自己的德才把好钱财关，这是最基本的一点。那些“两耳不闻窗外事，一心只扫自家雪”的顶多只是一个称职的管家，而那些享受贪婪、享受荣耀，甚至比贪官本人更迷财、更贪权、更有欲望的，只能算是“贪内助”。

细数那些贪官，抛弃了是非曲直、道德伦理，为名、为利、为私欲，最终落脚地无非就是钱，美其名曰为了家庭，百万、千万乃至成亿，孜孜不倦，即使明知道金钱如绳索正在把自己和家人越勒越紧，却还是心存侥幸、不知悔改；而那些贪内助，竟还忙着帮其一起勒，直至断了出路而被绞杀，这就是所谓的作茧自缚。为官者若是真心为家人好，留下“清白”二字就胜过万贯家财；家人若是真心为从政者计，就要为其看好廉洁的后门，不让自己成为围猎的“突破口”。是选择遗臭万年的“寄生性家族式腐败”还是传为佳话的“宗族式清廉”，答案不言自明。人非圣贤，孰能无过，一时摇摆之际，就需要有人从旁把关提醒。古往今来，真正的贤妻良母总能在关键时刻催人清醒、拉人一把。《古列女传》记载：田稷子相齐，受下吏之货金百镒，以遗其母。他母亲在得知钱财来源后，告诫他："吾闻士修身洁行，不为苟得。竭情尽实，不行诈伪。非义之事，不计于心。非理之利，不入于家……不义之财，非吾有也。 不孝之子，非吾子也。"听了这一番话，田稷子惭愧不已，返其出。如果这位安徽官员的妻子，早把她的"贤惠"用在劝阻、把关上，又何来如今的家庭破碎、双双入网？

当然，家人的作用再大，也仅是催化剂，是否发生化学反应而产生变质，关键还要看官员本身的属性如何、定力如何。正如因"冲冠一怒为红颜"，而把吴三桂的开关卖国全部怪罪在陈圆圆身上，或是因为"一骑红尘妃子笑"，而把李隆基的治国不力全部怪罪在杨贵妃身上，其本身就是片面和不公平的。身为一名公务人员，特别是高级官员，应该有自己的是非观、价值观，知道什么该做，什么不该做，怎么做是对家人和自己真正地好，对人民真正地负责。当纯正的家风带动党风政风，清朗的政治生态又怎么会遥远？

» 不违规的违规

在论坛上看到一篇帖子，作者是一名基层公务员，文章满篇都是对单位、对领导、对组织的牢骚和抱怨。奇怪的是，如此帖子居然还得到了不少“同是天涯沦落人”的心心相惜。再随便点击一找，网上类似的颓废怨帖还不在少数。有人顶，有人跟，俨然一番大盖高楼的阵式。

自然，各行各业该有不同的声音。公务员作为一种职业，肯定有人抱怨有人欣赏。近期，作风建设、反腐倡廉的组合拳一个比一个有力，不少公务员收入降了，要求高了，规矩严了，约束多了，偶尔有几个思想自觉性有偏差，一时转不过来，胡乱发泄，倒也正常。但如果不止是一两个，而是演变为一群，甚至更多，那所在的单位、负责的领导是否也应该反省和思考呢？毕竟人心才是根基，工作可以再做，人心散了再挽回就难了。

我想，能把一个充满豪情壮志、干劲十足的年轻小伙，活生生熬成了心灰意冷、充满怨气的老人家，除了自身原因外，很多时候，问题都出在领导身上。往往越是压抑的地方，领导的“规矩意识”越是浓厚。

有些领导讲“严谨”，大事小事，一律按照上级精神来，从不逾越。把上级的要求和精神当圣旨，什么东西都是拿来主义，直接落地，不失分毫。不考虑实际情况，不考虑职工需求，即使知晓职工的反映和问题，也是充耳不闻，不做变通地贯彻到底、绝不违背，更别提为民请命，向上反应了。这可害苦了下面干活的普通职工，不干不对，干了也不对。这样的领导，说好听点是立场坚定、对上忠诚，说难听点就是一个又聋又哑的“木偶人”。

有些领导爱“折腾”，因而爱死了“规矩”。不能凌驾于法律之上，那就凌驾于规矩之上。法律不能自己改，规矩想怎么立就怎么立。只要在法律法规范围内，就唯我独尊。于是，规矩被一些莫名其妙的个人规定“绑架”了，有打着岗位需要的旗号随意调动的，全然不顾职工全家都要跟着奔波，居无定所，其实就是拍拍脑袋，甚至是以泄私愤；有打着团结合力的旗号，强行灌输等级观念、汇报制、家长制、一言堂的，其实就是自己称王称霸，为大权独揽找借口；有打着工作为上的旗号，无故占用职工私人时间的，其实就是一时兴起，或者个人需要。一时一个想法，一天一个变化，还全成了建章立制、立规执纪的重要载体，只弄得下属职工苦不堪言。

还有一些领导当“门帘”。规矩就是门帘，供在桌前，贴在墙上，挂在胸前。自己则躲在帘后，淡定把持，喜怒不形于色，好恶不言于表，就这样不立也不破，不多也不少，不说也不做，偶尔伸个手，那一定是以规矩之名。他就是个不倒翁，你说他违规吗？似乎压根儿没有“违”的动作，所以你怎么按，他都不倒。你说他合规吗，似乎也没有“合”的举措，所以他在位置上怎么站，都是东倒西歪，站不稳。职工的声音，以规矩之“帘”挡回去，实在不行拿自己“惯性”弹回去，久而久之，大家都成了东倒西歪的不倒翁，整个单位组成了保龄球群，轻轻一打，全盘散架。

领导干部要讲规矩、用规矩、守规矩，首先要懂规矩。什么是规矩，从词面上来说，就是一规一矩，一圆一方。之所以先规后矩，就是说所制定的准则、原则，大到党纪国法，小到单位的规章制度，首先都应该是圆满的、平顺的、符合人本的，其次才是棱角鲜明，有纲有线的，两者并不相悖。领导干部在日常工作中，若是光有规，没有矩，固然不行，单位就会失了脊柱横梁，变成一片散沙。但若是一味地盯着“矩”，而忽视了“规”，就会本末倒置，忘记了人性本质，忘记了因地制宜，就会让单位变得冰冷，职工觉得压抑，抱怨的声音难免越来越多。

上级有规矩，自然要遵守，但是不能照搬照抄，形而上学，必须具体情况具体分析，该一刀切的一刀切，该循序渐进的掌握秩序。自己定的规矩，当然也未尝不可，但要注意合情又合理。要自己带头遵守，以上率下，东西好不好，自己试过才知道。试过了，才有发言权，才不会一天一个样，才有解释和推广的底气。要试着多从尊重职工、关心职工、爱护职工的角度去看待规矩的可行性和长远性，还要探索建立相应的激励、保障和监督机制加以配套实施，让职工自发自觉、心甘情愿地去遵守，也就没有了反复立规、反复违规的恶性循环。也只有这样，“不违规”的领导才会少，真正“守规矩”的领导才会多，抱怨声无疑也会跟着减少，工作的效能也才会升温。

» 庸政与懒官

堂堂正正当官，清清白白做人，这无疑是为官用权的好品德，社会倡导的好风气。无意功名利禄，不肯屈节随俗，不仅挡住了形形色色的诱惑，还表达了一种无欲则刚的人生态度，足显一颗宠辱不惊的平常心。有位就要有为，为官就要为民，这是最起码的要求。官员不能局限于“两袖清风”却“一事无成”。百姓有苦有难，官员听之任之，这种不尽职不作为就是消极腐败。

“清官不清”，如果仅仅是独善其身，其形象和魅力就要打些折扣了。有哲人说过：世界上最清清白白、最立得直的是石头雕成的人，但它永远不会做事情。干部只有做到既廉洁又勤政，才会为群众所称道。有所作为，这是官员的基本职责。而无所作为，庸庸碌碌，不思进取，只求无过，这样的官即使不贪不占，也是十足的昏官、庸官、太平官和糊涂官，群众也看不上眼，也同样嗤之以鼻。从哲学家提出的“平庸的恶”这一著名概念来观照，这种不作为可谓平庸的堕落和可恶。

我们痛恨贪官，而那些“不作为、乱作为”的懒官，其危害也不可忽视。有的干部采用“拖”、“推”之法不出力解决问题，其中一个消极因素就是这个问题不是他引起的，拖下去尽管不好，但是也没有人追究他的责任，顶多是挨几句“工作不力”的批评，无须承担责任，因此这类人常把“拖”、“推”作为“法宝”。还有一些干部一心只想如何不犯错误，如何远离腐败，如何洁身自好，却“忘了”自己该做的事情，虽廉洁自律却碌碌无为，虽两袖清风却一事无成。殊不知“在其位而不谋其政”就是最大的失职，敷衍群众是最大的不负责任，工作不力是最典型的官僚主义。责任的丧失，意味着心灵走向冷漠，这是一种病态，是官员理想信念淡漠的“临床表现”。叫响“为人民服务”的口号不难，难在把“为人民服务”落实到平常的工作中。

多少年来，无过错者不丢官成了官场的“潜规则”，只要在位不贪不占，即使再是平庸，再无政绩，往往可以“好官我自为之”，“清福永远可享”。在有些地方有些部门，为什么对懒官的所作所为听之任之？皆因有些懒官“听话”、“好使”，他们在上司面前是“面团官”、“乖乖官”，不少这样的官往往对人民群众漫不经心，为领导办事则是赤胆忠心的。“懒官”之害，不仅在于有位而无为，也败坏了干部队伍的风气，不利于形成能者干事、干好事的氛围。从这个意义上讲，治理懒官理应得到更多关注。

加大对官员慵懒的惩处力度，这是时代的要求，群众的呼声，是改革的需要，执政的必然。要想杜绝干部队伍中的慵与懒，使官场的“南郭先生”无法生存，无疑需要引进竞争机制、监督机制，完善选拔制度以及劝勉制度。对官员慵懒的整治，也要像打击贪官一样，不姑息不迁就，对于不作为的干部，不妨让他们让一下位，不尽职就卸职。这可以促成庸者下贤者上，提高机关效能。如此，那些“无能官”、“懒汉官”才有望绝迹。

» 阳奉背后看阴违

中国传统文化源于易经的阴阳理论，认为世间万物都由“阴阳”对立统一体组成，两者相生相伴，相互促进也相互制约。在官场上，如果说对上级的当面态度为阳，转过身后如何执行上级要求就为阴，两者若相辅相成，则政令畅通；两者若两相违背，则政令难行。

但在我们的现实周边，“做不做、怎么做、做什么不重要，只要态度好一点，特别是在领导面前乖巧一点，唯唯诺诺一点，应承得响亮一点就行……”这种阳奉阴违且将“态度决定一切”作另类演绎的干部并不在少数。更有甚者，满嘴仁义道德，一肚子贪赃枉法，戴着阴阳脸谱，过着双面人生。台上反腐一本正经，义正言辞，说起案例一副痛心疾首的样子，台下仍然贪腐且前仆后继，转眼则沦为别人口中的案例。

阳奉阴违的可恶之处在于其阳阴两面变化太快、反差太大。阳的一面容易把握，而阴的一面很难看清。面对上级决策，态度无非有两种：接受与不接受。接受，就按要求和规定不折不扣地执行；不接受，就本着从工作角度出发的态度，开诚布公，直言不讳，提出自己的想法和顾虑。而“阳奉阴违”者恰恰游离于这两者之间，他们将阳奉阴违奉为官场圭臬，认为只要在口头上积极表态，就可以取得上级的信任，麻痹群众。

这种人“阳奉”的手段都差不多，对中央的政策规定，高举双手赞成，理论上一套又一套，表态时言之凿凿，利用民主生活会、党性分析会、日常讲话等各种场合表忠心，称得上是“忠心”诚可鉴，“肝胆”照昆仑。刚开始还红红脸、出出汗，到后来把金钟罩铁布衫神功练到脸皮上，谎话一箩筐，心不跳、脸不红，神色自若，怡然自得。那一副信誓旦旦、坚决拥护的神情，足可以拿奥斯卡奖。

至于“阴违”，则方式多样。一种是能拖就拖，能推就推，高高挂起，敷衍了事。这部分官员选择的是冷暴力，或者说是“非暴力不合作”，他们往往按兵不动，当面一套，背后一套，有令不行、言行不一,遵循“三不做”原则：于己无利的，不做；有责任压力的，不做；费心费力的，不做。但见到好处，却是不遗余力，我的是我的，你的也是我的。另一种是“两袖清风，无为而治”，出勤不出工，出工不出力，出力不出活，以消极慵懒来对抗党和国家政策的施行。更有一种人，小动作不断，对那些安心工作、勤政务实的干部阴阳怪气，冷嘲热讽，埋怨他们没有同自己站到一起，造成大面积的“不作为”，甚至会利用手中的权力，勾结“志同道合”之辈扯后腿、使棒子、穿小鞋，甚至直接打压。这些人，表面上也是拥护和遵守党纪国法，实际心怀异想，虽忌惮法纪惩处，不敢大张旗鼓做出违法乱纪行为，但又心有不甘、不舍、不愿，因而他们的行为更加隐蔽，伴随种种纠结与怨念长期潜伏下去。

破除阳奉阴违，就是要“听其言，观其行”，既要看台上表现，更要从台下着手，于细微处见真章。要强化执行制度的刚性，做好政策落实的监督，防止上有政策下有对策。将官员的权力运用、个人言行举止都更多地暴露在公众面前，让权力在阳光下运行，阴阳官员才会原形毕露，无处可遁。

» 以言代法休矣

节假日偶读《新唐书》，看到一则故事，颇有感触。唐贞观元年，有人弄虚作假骗取官职。唐太宗下令要这号人自首，声言如不自首就要处以死刑。不久，即有假冒者被查，大理寺少卿戴胄依法判处此人流刑，这时候唐太宗不干了，怒气冲冲地说：我之前讲过这类人要杀头，你这么判不是让我失信于天下吗？戴胄回道："法者，国家所以布大信于天下；言者，当时喜怒之所发耳。陛下发一朝之忿而许杀之，既知不可而置之于法，此乃忍小忿而存大信也。" 太宗转怒为喜，说道："法有所失，公能正之，朕何忧也。"掩卷长思，不禁为戴胄敢于犯颜执法，遵法敬法的法治精神所折服。

以言代法，连封建有识官吏尚且不为，怎奈现在还有个别官员乐此不疲呢？看现在有些以言代法者，真称得上是八仙过海各显神通。不怕现官只怕现管，对一些人来说，最管用的不是法律，而是顶头上司的一句话，正所谓"法律法规，能推就推，看看文件再发挥；红头文件，想变就变，瞅瞅领导啥意见；领导召唤，立即照办，只求头头点个赞。

以言代法者大体可以分为两类。一为豪放派，这些官员最大特点是把自己等同甚至高于法，说出来的话也是霸气十足，称得上只为自己代言，“我就是王法，我就是政府，我就是天理，反对我就是反党。我说一来就是一，我说往西就往西”。他们是这么说的，也是这么想的，更是这么做的。二为婉约派，这类官员比较有“艺术”，喜欢批条子、打招呼、开协调会，提出倾向性意见，授意身边人员以自己名义插手干预。对下属报上来的方案，提出的人选，即使有不同意见，也不明说，只交代再研究研究，来回几次，总是得到自己想要的结果才算通过。虽然在天空飞过，却不曾瞥见翅膀的抖动，也曾在大海里流淌，却不曾听闻水滴的叮咚，真正做到了云净天空，滴水不漏。

以言代法乱象丛生的背后，是部分官员认知偏差、官场不良习气、法治监督缺失等深层次的原因共同作用的结果。一则思想毒瘤根深蒂固，中国有几千年封建的“人治”历史，官本位思想荼毒甚广，十年寒窗无人知，一举成名天下知，好不容易当上官了，还不得好好显摆显摆，光宗耀祖，封妻荫子自不在话下，发发口谕，递递手谕，官爷不出门，办好天下事，那还不是皇帝般的感觉。二是名利诱惑欲罢不能，法是固定的，人是活的，话语更有万千玄机，以言代法，就可以颠倒黑白，翻云覆雨。其中隐藏多少龌龊勾当、无耻交易，又有多少名利交换、权钱交易，惹得贪官污吏前仆后继，投身其中。三因监督管理不够到位，法本是约束人言行举止的准则，可是一些官员一旦掌握了权力，让他监督别人还可以，接受监督是万万不可以的，到最后是既做裁判员，又当运动员。自己或者自己选的人监督自己，不监守自盗才怪。法治监督不到位，使有些官员敢于恣意任性、罔顾法律规定，以言代法就大行其道了。

“匹夫而为百世师，一言而为天下法”，苏轼在《潮州韩文公庙碑》以此开篇，歌颂了韩愈言行足以为后世效法。言为心声，反映个体自我认知；法为众意，体现统治阶级意志。以言代法，就是要把自己凌驾于众人之上，就是要把自己的意志强加于他人意志之上。以言代法，正常的法律秩序就会被破坏，影响社会正义公平，败坏党和政府形象，为党纪国法所不容。

“奉法者强则国强，奉法者弱则国弱”。时至今日，我们欣喜地看到，依法治国，越来越为执政党所重视，可以说是有史以来从未被提到这么高的位置，“法”，被评选为2014年度汉字，法治中国无疑已经成为当代中国的时代潮流并不可阻挡。随着法治中国的全面推进，以言代法、以权压法、徇私枉法已经成为过街老鼠，权大于法、刑不上大夫也必将成为没落的古董式话语。

» 实不实，谁说了算

近年来，论领导干部讲话或报告中的高频率字眼，“实”字名列前茅。从群众路线教育实践，到三严三实，在由上而下的“实风”引导下，一时间，大实话、大实事、大实绩，不绝于耳，亮闪了眼。

领导干部能积极响应，迅速转风，在做人做事、一言一行中走“实”线，固然是天大的好事，是群众的期盼。确实，绝大多数的领导干部都是在其位、谋其政，真心要为老百姓干实事，真正在一方做出实绩。但我所担心的是，上面以实为美，下面就以实为名，部分领导干部的“实”线是自描自绘，自圆其说。唱了那么多，说了那么多，究竟实不实，全看吹得好不好。

有些领导干部是“艺术家”，掌握“实”的艺术。务实、求实，天天喊在嘴上，挂在墙上，写在纸上，恨不得全世界都知道，但是到了真正需要的时候，该行动的不行动，该担当的不担当，该出手的不出手。所谓的“实干”、“实绩”，成了阿谀奉承的门槛儿、表现“情操”的艺术、蒙蔽群众的屏障。当然，对于自己的实绩考量，也是艺术地加工处理。即使搞个测评，那都是精心布置、组织推荐，暗中指定。美其名曰找的群众代表，其实是“官方代表”、“神枪手”，这样的结果，怎能不是你好我好大家好。

有些领导干部是“文学家”，只在“实”字上做花文章。上任就先弄门面，花心思搞面子工程、形象工程，而把真正需要思考、需要举措、需要解决的问题悄悄藏在了“实”字下面。栽树不如上漆快，行动不如总结快。殊不知苗栽不实则亡，树植不深则枯。远看，似乎是严严实实，发展又好又快；近看，则是漏洞百出，不堪入目。正所谓“实”字在头上，头是谁，就是上级。干不如说，说不如拍，不留痕迹地投其所好，溜须拍马地恰到好处。如顾到了头、顾不了身，更看不到尾，人民群众见怪不怪，只说你以“实”之名，实惠了自己。

刘伯温曾在《郁离子·采药》中对比过“黄良”、“断肠”二草，称黄良“味如人胆，禀性酷烈，不能容物”，然“煮而服之，推去百恶，破症解结，无秽不涤，烦疴毒热，一扫无迹”。断肠草“其状如葵，叶露滴人”，然“流为疮痍，刻骨绝筋，名曰断肠之草”，毫无疑问，那些堂而皇之地以实为名、大做文章者，品性恰如断肠之草，该敬而远之。

当然，更多的是一些“恰似”黄良之人。他们似乎是真正的“实干家”，埋头苦干，动作到位，天天干，日日干，肯吃苦，又耐劳，俨然是百姓的老黄牛。但是细细一看，工作毫无章法，粗暴盲目，不讲究方式方向，这就好比是书生牵牛，使出浑身懈数，却不得要领、无法驾驭，力都使在了反方向，那牛就只会横冲直撞，甚至倒着走。自己干得累死累活，下属不领情，群众看不见，效果没体现，比之黄良，也只能说是看似相似，实则差远，浪费了时间，浪费了资源，那花大力气整的“实”，其实比“虚”还“虚”、比“漂”更“漂”，更别论“推去百恶，破症解结”了。

“让埋头苦干、真抓实干的干部真正得到重用、充分施展才华，让作风飘浮、哗众取宠的干部无以表功、受到贬责。”这是正确的导向，不知为何在某些领导干部那里就变了味。于是，你说你的实，他说他的实，其实，到底实不实，谁说了都不算，效果来判断。

领导干部与其研究怎么样看起来确“实”、评起来更“实”，不如好好想想，如何干在实处、取得实效，拿出经得起实践的实绩来。实干，不是蛮干，更不是取巧，要戳在问题上，干在点子上，实在效果上。具体来说，一看定位对了没。就是要在其位、谋其政、尽其责。作为领导干部就要全面把握形势，把握岗位职责和主要任务，厘清思路，干有方向、干有目标，有的放矢、突出重点。二看问题解决了没。就是要解决问题，破解难题、化解困题。在群众需要面前，在急难险重面前，在老大难问题面前，能迎难而上、能够为他人所不为，靠一点一滴的实绩来说话。三看群众笑了没。领导干部干得好不好，要让群众看得到，更要感受得到，群众生活幸福、幸福度高，那才是真正的“实”。

清代余云焕在衙署大堂楹联撰写："不要百姓半文钱，原非异事；但问一官二千石，所造何功"，这个"功"，就是官员的实绩。不干实事，何位之有？不得实绩，何功之有？干的实不实，成绩有没有，自己说了不算，别人说了也不算，不如经常自我过滤清洗，然后拿手里的那"二千石"掂量一下自己，也许就清楚了。

» 熄灯，请闭眼

作为领导干部，在日常的工作生活中有时需要熄一下灯，在黑暗中，给自己思考反省的空间，去查漏补缺，看看履职是否到位，责任是否落实，问题是否解决；在意气行事的时候，不妨先闭一闭眼，给自己冷静的时间，放空身心，去权衡利弊、扪心自问，看看自己是否足够理智，做法是否恰当，后果是否能够承受。当灯再次打开，当你再次睁眼，可能很多问题已经胸有成竹、迎刃而解。

然而近期在网上传得沸沸扬扬的某地发生的“演员中途罢演拉横幅讨薪，官员下令熄灯”事件，却从反面诠释了“熄灯”的意义，令人唏嘘不已。此事虽然官方有官方的理由，演员有演员的说法，但是非曲直似乎不是一两句话就能说清楚的，可单看官员以熄灯的方式来处理事件，就让人感到有些唐突与无理。面对突如其来的讨薪横幅，在座的官员感到尴尬难堪，也是正常的。但就因为尴尬难堪下不了台，便以熄灯作为处理方式，同时要求记者关闭摄像等设备，如此简单又天真的做法，却只会让事件进一步发酵，甚至变味。

黑夜并不能吞噬真相，但会滋生乱象。这种看似简单实则粗暴的处理方式，或许是为了维护当地政府的良好形象，担心信息外流造成不良影响，殊不知纸是包不住火的，越是遮遮掩掩就越是传的火爆。没有摄像机，还有手机，走了记者，在座的观众都是记者。与其欲盖弥彰，让猜测变味，随舆论发酵，还不如光明正大，大大方方地给公众一个说法、一个解释。干吗非要等事件发展到不可收拾的地步，再转身收拾呢？正所谓早知如此，又何必当初？归根结底，出现这样的尴尬场面，就是由于此前没有引起足够重视，没有采取合理举措，才会让矛盾愈演愈烈，一发而不可收拾。到此时，你才急着去熄灯，硬是让大家闭眼，是不是有点晚了。毕竟，灯，你可以说熄就熄，但公众的眼、社会的嘴，不是你叫闭就闭的。

所谓坏事传千里，出了事拿被子捂，只会越捂越臭。即使熄了灯，也只能遮得一时之丑，问题照样存在，黑暗过后仍然有开灯之时。我想，官员做出熄灯决定的原由，恐怕与平时那种暗箱操作、私下文章、暗渡陈仓的处事习惯不无关系吧。君不见，有些个官员一旦权力在手，就琢磨着如何为自己谋点私利。他们或贪点、拿点，占些公家的便宜；或为自己积点人脉，拿原则当交情；或不分场合地为自己找感觉，树立自己的威信，提升自己的名望……有了或这或那，自然就没法见诸于阳光下。于是私底下交易、桌子底下办事，什么事都只能小范围知晓，甚至只有你知我知。如此遮遮掩掩久了，一旦发生突发事件，就会产生强烈的条件反射，有悖情理的决策就来了，雷人雷语雷的笑话也来了。如此，流失了民心，也黑暗了自己。

灯，不是不能熄。发达社会，信息越来越丰富，灯火越来越辉煌，心灵的回归和沉静却逐步被遗忘，尤其是有些个领导干部，习惯了灯火辉煌、光鲜亮丽。聚光灯下站久了，反容易得意忘形，忘记了自省自警，忘记了冷静思考，忘记了窗外还有许多人站在黑暗中等待光明。如此一来，矛盾一触即发，社会越发焦躁。从小小的街头事件、简单的官民摩擦，恶化到血肉相搏，乃至群体事件，很多社会矛盾的激化，都是因为双方缺乏冷静，或者没有及时沟通、妥善处理，从而不断被放大，最终造成势不两立、两败俱伤的后果。

熄灯，如果能让人放空心灵，回归冷静，更好地反思，留下合理的时间和空间来思考解决办法，从而更好地迎接光明，这样的熄灯，才真正是社会所期盼的。反之，唉，你懂的！

» 也谈行政成本

行政成本是政府在行政管理过程中所发生的各种直接和间接的费用。这可不是一笔小数目，办公用房、公务用车、设备采购、人员工资等，每一项都要真金白银地投入。打印一份材料，要耗费纸张和墨粉；公务巡逻，要耗费油、车和人力；哪怕是晚上在单位加班，也会增加电费支出。一个行政管理机构，如果仅仅盯着自身的工作需要，而忽略了行政成本计算，就辜负了人民公仆这个荣誉称号了。不可否认的是，作为一种最具纯消耗性的支出，行政管理支出是社会供钱买的一种服务，是政府与社会之间的一种交易成本。

历史上的文景之治、贞观之治、仁宣之治都是采用道家“黄老之学”思想作为治国方略，无为而治而得治世，这看似是一个奇迹，实则有其合理性。国家管的少，对社会发展干涉限制就少，可以充分发挥人民的智慧和积极性，也可以精简政府机构，减少行政人员工资支出，说到底是降低了行政成本。一直以来，因为体制关系，我们政府时常扮演“大管家”的角色，事无巨细，大包大揽，对市场运行过多干预，反而陷入一管就死、一放就乱的困局，政府团团转，市场茫茫然，直接造成行政成本高，且容易滋生腐败。

当前，国家正在步入改革发展深水区，面对的问题都是改革的硬骨头。缩减行政成本，无疑也是改革面临的重大挑战。一方面，厉行节约、反对浪费，降低行政支出是打造廉洁政府的必由之路，也是人民群众的共同期待。另一方面，减少行政支出意味着改革利益和成果的重新分配，将直接影响行政人员收入待遇，降低个别官员所谓的“尊严”和“感觉”，无疑会引起一些过惯好日子且仍然对行政支出有很大影响力的官员的抵制和抗拒。这些人把自己的得失账算得清清楚楚，却忘了算行政成本的账，忘了算民心账。

就在当下，各地各部门经常开展专项活动，因其具有专一性和针对性，往往会在短期内收到较好效果。但也应该清醒地看到，在实际工作中，不同程度地存在专项活动过多、过滥的现象。专项活动不是万能的，可以作为日常管理的有益补充但绝对不能替代，频繁的专项活动会影响长效机制作用的发挥，削弱治理成效。同时，还会显著增加人力、财力、物力投入，提高行政成本。

正常的行政支出必不可少，那是为了促进社会经济健康有序发展。但在国家财富大幅增长的今天，可供支配的钱更多了，有些单位和官员开始在花钱上大手大脚，奢侈浪费现象频出，豪华装修、大排量公务车、公款旅游、高档场所消费等，这些行为背离了执政党的基本要求，耗费了大量宝贵的国财民力，疏远了与人民群众的距离。说难听点，就是打着为民服务的幌子，实际却增加了人民的负担。

一个家庭要把日子过好，就要学会开源节流、精打细算，把主要的钱花在子女教育、赡养父母，购置房车，投资理财等关键环节上。国家和政府也一样，要实现长治久安，就要造福于民、藏富于民，把主要的财政收入花在国民教育、医疗保险、住房养老、环境治理等民生工程上。

心平则安

» 立德行善归正道

日前听一友人抱怨，说这年头儿好人难当，扶了老人还得赔医药费，捐了款又不知道流向，还是去庙里给佛祖捐钱最实在，行了善又积了德。我不禁触动，这德和善，向来是我们引以自豪的传统美德，何时竟狭隘至此？

“大学之道，在明明德，在亲民，在止于至善。”《大学》之开篇句，既点明了这本传世巨著的核心思想，也奠定了几千年来中华民族的精神基调。不管是道家的“上善若水、以德报怨”，儒家的“温良恭俭让”，还是佛家的“积德行善”，德善始终是为人处世的重要原则。

孔子有云：“德不孤，必有邻”，道德价值并非独立存在，周围必然有同声相应、同气相求的共鸣。与“德”一样，“善”非私，是一种分享之美、一种公正之美、一种共同满足。老子亦有语，“善者吾善之，不善者吾亦善之，德善。”一德一善，内外之称，在心为德，在行为善。有德之人，必与人为善。行善之士，方立德立世。

放眼当前，社会经济高速发展，与之相反的是，民族的传统精神和美德却日渐被人遗忘，淡出人心，甚至变成某些人谋求私利的工具。有人成了花花世界中的“迷途者”，糖衣炮弹之下，道德防线成了一盘散沙，心中的道德标准、善良之秤一一丧失，唯有利益驱使，肤浅世俗；有人成了聚光灯下的“慈善家”，秀场上一掷千金装伪善，背后却一毛不拔，表面上满嘴仁义道德，暗地里却干着见不得人的勾当；也有人成了投机取巧的“获利者”，毒奶粉、地沟油、黑心面、毒胶囊，让无良商家一本万利，坑蒙拐骗、以怨报德、欺善怕硬让好恶之徒不劳而获。殊不知，害人害己害社会，更多的人则患了自私自利的“冷漠症”，各人自扫门前雪，莫管他人瓦上霜，求神拜佛求的是自己飞黄腾达，乐善好施为的是自家祖上积德，而对别人则漠不关心，对社会事不关己。路见不平，避之若浼；慈善捐助，一笑而过，千年的文明古国一再面临“扶不扶”等社会问题的考问，更可怕的是部分青年已经成为了“缺德”的“牺牲品”，从马加爵、药家鑫到不久前的复旦投毒案，接连出现的校园命案令人发指，更令人深思。从善如登，从恶如崩。归根结底是道德教育的缺失、社会不良环境的影响，让他们人生的扣子从一开始就扣错了方向。

值得庆幸的是，“德”还在，“善”犹存，它们还没有走远，大部分国人心中仍保留着它们。当务之急，是通过正面的引导控制不良苗头的扩张，并将其铲除。对于社会来说，就是要大力弘扬人生的核心价值观。正如习近平总书记所说的：“核心价值观，其实就是一种德，既是个人的德，也是一种大德，是国家的德、社会的德。国无德不兴，人无德不立。”既要传承民族文化中的传统美德，也要提炼迎合发展的时代新德，让核心价值观深入人心，让德善之精髓成为时代主旋律。对个人来说，要加强道德修养、注重道德实践。居善地，心善渊，与善仁，言善信，正善治，尹善能，动善时。小到个人，大到国家，始于明德，止于至善，方能生命不息，发展不息。

» 五指合谈

我喜欢把五指比作一支团队。所谓“工作一个声音，战斗一个拳头”，这拳头，就是由与手掌相连的五指组成的。一支优秀的团队，恰如伸缩自如的五指，伸能各司其职，收则形成合力。

五指之中，拇指当属老大无疑，故又有“大拇指”之称。而且，也只有拇指能与其余四指做“对指运动”，这特点也是人类区别于灵长类动物的标志之一。正因为有对指运动，才使人类可以完成较精细的动作。然拇指又是五指中最短的，尤其是手指头列队时，这种感觉就更加明显。也就是说，只有在其他手指协力之下，拇指才能发挥更多更大的作用。比如抓握物品时，就需要其他手指与其合作，一旦离开了别的手指，其短而粗且只有两个指节的弱点就凸显出来，变得中看不中用了。

作为团队或一个组织的领导，就跟大拇指一样，要明白权力的作用是相对的。权力所产生的成就是建立在集体共同努力付出的基础上的。所谓下属的成功即是领导的成功，说的就是这个道理。做领导的不一定要样样都行，但至少要具备协调与组织的能力，要善于与他人做对指运动，诚心伸出拇指肯定别人，这也正是走群众路线的具体表现。

《左传》有记，郑国的公子姬宋凡遇美味佳肴，食指遂大动。后人就用“食指大动”比喻为口福不浅。食指的功能颇多，试水温、蘸食物、点鼠标、摁开关等大都是靠食指出马。写字、拿筷子等也都离不开食指的参与。当然，这些行为也非食指单独就能完成的，还得依靠与其他手指的密切配合。但倘若把拇指看作老大，或一个部门的正职，那么与其贴靠最近的食指就是副职。食指与拇指结合就是一个“OK”。一个团队的引领者，恰如正副职合力，只要劲往一处使，最大的困难也能齐心攻克。

手形如山，中指为峰。因长于其他四指，便有了某种代表性。民间凡测量长度或高度时，多以中指所到之处为界；佛教中，菩萨则以中指弹出圣水表达祈福。然凡事皆有正反。篮球或拳击等一些竞技项目上，大都是中指最先触及目标，故也最容易受伤。这种现象如团队中的一些精英，或不受重用而自暴自弃，或居功自傲而自我孤立。他们并不知晓之所以出现这样的被动局面，实是因优秀而过分自恋的缘故，更不明白倘若无他人相帮，仅凭一指之力，恐怕是一事无成的。

无名指似乎除了能戴上一枚醒目的婚戒，并无什么自豪之处。但一旦戴上婚戒，其承担的就是忠诚的使命。当然，它的大多数时间只能隐在中指和小指之间，似乎只是其他四指的力量补充。团队中，往往也有这样的人，因为低调，因为普通，以至于“无名”而不大起眼。但即使如此也是不可或缺的，他们就像是机器上的螺丝钉，看似不大重要，却维系着团队的整体稳定，这也是一种平凡的自豪，如果少了一根，团队就会发生故障而无法运作。

小指排五指之末，从自身能力来说，因稚嫩而归弱势，大多时间仅为其他手指之附庸。但小指也有美好的事。除了那可爱的兰花指，还有孩童时的许诺。孩子们常用小指“拉勾”，以示承诺与约定。其实在我们每一个人的生命进程中，当生存只为柴米油盐而奔波，或口袋饱满衣食无忧，或人生处在十字路口而迷茫，或踌躇满志出人头地，如此等等，往往会让自己忘却了最初的目标约定。就小指而言，面对其他手指的各展其长，有时也难免有些落寞。这正如团队中之新兵，因为初来乍到，与同事还欠磨合，所以常常是被动做事。倘若不及时调整心态，则容易陷入“拉勾”的回忆中而不能自拔。

手的能力就在于五指的团结协作，手的灵巧在于五指间的进退配合。也就是说，只有在拇指的正确引领下，食指的协作、中指的能干、无名指的踏实及小指的灵活等诸多优点才会正常发挥。而每位成员面对属于自己表现的机会，理当珍惜把握，做到尽善尽美；面对力所不能及之事，应学会观察欣赏，为他人的成就鼓掌。一木难成林，一指绝不能成掌，只有将心思放在整体利益与团队的成长上，个体才有施展能力的机会，其能力才会体现出价值。

（浙江省第一届鲁迅杂文奖金奖作品）

» 五藏趣谈

人有五脏，被中医演化为“五藏”后，倒也画龙点睛一般，有了独立的精神意义。正所谓“心藏神，肺藏魄，肝藏魂，脾藏意，肾藏精志”。由此延伸开来，人类的话匣子里就塞满了“肝胆相照”、“狼心狗肺”、“心明眼亮”等诸多将五脏赋予社会形态的成语。作为人体不可缺少的五脏，事实上也随着人体而与人类社会的活动有了联系。而作为领导干部，如何深化境界，做一个心身健康的公仆，自然与五藏的保养与提升息息相关。

一曰心。人之一生，随心而启，因心而竭，心有眼，藏识见，见器量，明德行，眼不乱方能心不竭。领导干部要做到心眼高妙，否则，就会心眼迷乱，心一旦出了问题，麻烦就跟着来了，小则影响生活，大则危及生命。嫉贤妒能属于心眼儿小的人。挖空心思专做损人利己之事那是心眼儿坏。所谓心病还须心药医。然其关键还在于修心。所谓修心养性，心明而眼亮。老庄因以百姓心为心、为天下浑其心而成千古圣人，孔孟因修仁义之心而成万世师表。大凡圣者，流芳百世，皆因圣在其心。

二曰肝。天地万物皆有其毒性，人食之，便受其害。肝脏会将某些具有解毒作用的生物碱如吗啡蓄积起来，一旦中毒，会将这些生物碱逐渐释放，降低中毒程度，同时分泌出胆汁将体内的一些重金属和来自肠道的细菌一同排出。而正确的价值观，恰如肝脏的分泌作用一样，能将不良作风、不良思想自动排出，保持清正纯洁。人有肝，故百毒不侵；人有魂，故百折不挠。只有树立正确的思想观念，拥有正确的世界观、人生观、价值观，才能在这个浮躁的社会中保持自我，才能真正做好一个大写的“人”！

三曰脾。所谓“人体脏腑百骸皆赖脾以濡养”，消化、造血和免疫功能均有赖于脾气；脾主管着人的气血生化，是身体机能运转的主要动力，有后天之本之称。脾旺则阳盛、肺气充盈，脾虚则功能失常，精神不振、肢体倦怠。人也是要有气质的，特别是领导干部，可凭借人格魅力带领着一群人，影响着一个团队。这魅力，即是独特的气质。大凡这类领导干部，自然是一身正气，对群众一团和气，遇事神闲气定，善于分析解决复杂局面；做起事来眼光长远，锐气难挡。如此干部不仅群众认可，更是单位事业发展的中坚力量。一个人，立足于社会，想要有中气和底气，就得加强学习。有些干部心浮气躁、不求甚解。学习对于他们来说，多半只是时髦工具、夸耀资本，殊不知学习是最来不得虚的，骗人只会骗己。所以，领导干部不妨让自己多点书卷气，多补补“脾”、提提气才是正道。

四曰肺。肺者，胸怀也。宋代诗僧惠洪在《与黄六雷三》中曰："从余今几日，临事见肺怀。"比海洋大的是天空，比天空大的是人的胸怀。美国总统林肯曾试图跟他的政敌交朋友，引起一位下属的不满，他认为林肯应该利用权力消灭他们。对此，林肯十分温和地说："当他们变成我的朋友时，难道我不是在消灭我的敌人吗？"中国传统追崇厚德载物，提倡以宽阔豁达的心胸行事立身。正直无私、光明磊落、富有同情心，这样的人必然有着良好的道德修养和崇高的人格魅力，这种胸怀是一种精神境界。肺在五脏六腑中居位最高，覆盖诸脏，故有"华盖"之称。只要心存高远，胸怀天下，就能俯瞰人生，笑傲人间。

五曰肾。"人是需要一点精神的"。天有日月星，人有精气神。精不但为神之舍，也为气之母。如果人是一棵树，肾气就是根，根深才能枝繁叶茂。一个人如果没有昂扬奋进的精神，就会失去生活的价值和意义，一个民族如果没有自立自强的精神，就会被其他民族超越吞并，一个国家没有精神，就国将不国了。

心肝肺脾肾，样样都重要。劝君保护好自己的五脏，强精塑魂正气健神，才能提升修为，增强品质，提高层次，完善自我。

» 五德从温谈起

儒家讲五德，温列其首。所谓君子以中庸处世，必先性格温和，待人彬彬有礼，恰到好处，如同文火煲汤，不温不火口感恰好。温度偏高，感觉太烫，反之则冷。同样，与人相处既要保持安全距离，忌热情过度，也不要太过冷漠而拒人千里之外。温而适宜，因温情而融洽，此乃和睦处世之诀。

且看温字，左边是个“氵”。君子之交淡如水，小人之交甘若醴。君子淡以亲，小人甘以绝。待人处事，要像水一样温顺柔和，干净透明，也能以柔克刚，在潜移默化间水滴石穿。温字的右上是个日字，如同太阳发光发热，可驱逐阴冷，人间温情则能暖人心田。当然也要适度，靠得太近易成“火”，会被灼伤熔化，适得其反。温的右下是个“皿”字，指的是器皿，亦即容人之量。将相顶头堪走马，公侯肚里好撑船，“秦穆饮盗马”、“楚客报绝缨”，宽宏大量，与人方便便是与己方便。与人温和，则嫌隙尽释，相处和睦。人人温和，则暴戾尽消，社会和谐。

偏偏在当今社会，有人为追捧潮流失却理性，有人把冷漠无情当个性。可以十里长街追明星，却不肯为路边老人伸援手；可以为豪宅名车一掷千金，却不肯为困难人士献爱心。更多的人习惯了以成败论英雄，向前冲的是好汉，得权势的是王道，管它什么品德风度。至于传统的温良恭俭让，倒成了柔弱、胆小、奴性、小器、无用的代名词。但见有急功近利者，青山绿水墙上一刷，进村下乡坐车一转，表面热火朝天，政绩显赫，实则壳里空。有“秒转作风”者，见风使舵是好手，对上热情如火，对下冷若冰霜。有“稳如弥勒”者，看似栩栩如生，实则没有温度。任凭群众呼声再大，我自岿然不动。更有“性格乖戾”者，自诩大爷，稍不如意，如同人肉炸弹一触即发。城管当街暴打群众，局长率众围殴记者，更有甚者泯灭人性当众摔婴，直到伤人伤己才后悔莫及。金钱、权利、地位，让人眼花缭乱欲罢不能，却唯独忘了如何保持心底最初的温度。

《老子》有云：知其雄，守其雌，为天下溪。深知什么是雄强，却安守雌柔的地位，甘愿做天下的溪涧。虽内有大雄心，却待人事谦德柔和、对生命慈悲清静。温和，不是表面做作，而是一种由内而外的修养体现。就如同一只保温杯，要有镀银杯胆阻止热辐射，人要保温，首先要强内胆。而知识素养就如杯胆上的镀层，镀层厚，则免疫力强，就能隔绝歪心邪念的碰撞辐射。保温杯还有杯胆和杯身之间的真空层来阻断热对流，人亦如是，在心动和行动之间建立理性思考的真空层摒弃成见，冷静思考，杜绝冲动、冷漠、狂躁、偏执等心理病毒入侵。此外，还得有密封性能良好的瓶盖把好开口。无论是杯子还是人，最后都要管好嘴。嘴上功夫没把牢，失温自然很快。因此，当说则说，该闭就闭，适可而止。只有这样，纵使内有滚烫热水，表面总能不温不火，恰到好处。

为人如此，国家社会亦如此。治大国若烹小鲜，掌握火候温度是关键。政府勤政爱民，人民相敬如宾，远离酷吏，远离动荡，让普通大众感到温馨，让弱势群体得到温暖，让失足群体获得包容。温馨社会，人人向往。如此保温，人人有责。

温良恭俭让，我们不妨就从温做起。也不妨替自己量一量，心的温度如何？

» 看低自己

近日，一则“某县官与民众对话，警察持枪撑伞护卫”的新闻备受争议。事后虽该县政府已经澄清警察所持的为对讲机，当事领导也就被撑伞事件公开道歉，但总觉得不是滋味。且不深究群众为何聚集，面对群众，解决问题，应是平等地对话，真诚地沟通。但就是一把伞、一个类似持枪，就让领导显得那么高高在上、格格不入。

其实，这样的场景在日常生活中很是常见，领导坐着，群众站着；领导站着，群众弯着；领导趴着，群众背着，屡见不鲜。也有领导干部为自己鸣不平，认为不过是细节问题，被忽略也是在所难免，毕竟领导是办大事的，解决问题才是关键。但深究起来，忽略是因为习惯，习惯是因为心中认可。认可自己的特权，认可自己的重要地位，而归根结底是把自己看的太高，把一切享受看的理所应当了。心理上已经看高了自己，脱离了群众，又岂能指望其为群众设身处地，与群众感同身受。

主观上自视过高，加上客观上有身边阿谀之士奉承，让很多领导干部迷失了自己的位置。于是，在平凡之中时时看“小”自己已是不易，在取得成绩、“形势大好”时就更加困难。就是有个别领导干部官不大架子挺大的，到哪儿都是趾高气扬、霸气十足，时不时“气壮如牛”吼一声，让群众哭笑不得；有些总觉得自己颇有分量，一副事事“没有我不行”的架势，办点事非要群众三求四请才肯动一动手指；还有些把自己当甜瓜，将别人当傻瓜，只有自己的观点是对的，自己的方法是最有效的，其他人要么站位不够高，要么思考不够全，狂妄自大，一意孤行，最后往往虎头蛇尾，草草收场。

老子说：“后其身而身先”，西方也有句名言：“一个人真正伟大之处，就在于他能够认识到自己的渺小。”身为领导干部，能够看低自己，放低姿态，是一种智慧，一种本领，一种精神，更是一种境界。我们常说“看人长处，可以相处”，也正是基于看低自己一点。人的品行也好，功绩也罢，重量应该由别人来掂量，那才有意义。这种“看低”不是丧失自信心，缺乏进取心，而是不张扬，不张狂，是以一滴水的姿态，融于大海中来看待；是以一块石的位置，对比崇山峻岭来思考。这种“看低”不是“看轻”，不是自卑，而是理性地找到自己所处的位置，视人民群众为高大，如此创业才会有进取心，对百姓才会有责任心，名利上才会有满足感，能力上才会有危机感。不骄不躁，慎独慎行，才会深切地感受别人的能量、团队的力量。在看低一点自己的同时，更要力图管好自己，常常为民谋利，常戒非分之想，常怀律己之心，真正做到心不动于功利之诱，目不眩于五色之惑，才能始终保持清风明月的操守，永葆干净干事的本色。

在近期公开的习总书记讲话文稿中，曾引用《关于党内政治生活的若干准则》一段话，“在我们国家，人们只有分工的不同，没有尊卑贵贱之分。谁也不是低人一等的奴隶或高人一等的贵族。”来严厉批判领导干部的特权思想。身为领导干部，傲慢之时，就是危险之时。不知道那位县官是否明白，不管是“持枪”还是撑伞都不是问题的关键，重要的是自己如何看待自己、如何对待群众的那颗心。

» 躬身为仆

近期，正值电视剧《焦裕禄》热播。观众重温了这位“人民的好儿子”短暂而又光辉的一生，怀念“心中装着全体人民、唯独没有他自己”的公仆情怀，感动于他在短短的一年零三个月带给兰考人民乃至一个时代的无限温暖，也唤起了心中对当今社会“人民公仆”的思考和渴望。

对焦裕禄来说，公仆不是名词，而是动词，是实实在在干出来的。就因为吃别人嚼过的馍没味道，才会躬下身一步一滑顶着风沙走基层。就因为情系基层干部身体，才会蹲下身用手为厂长按腿侧浮肿。就因为把自己当成人民的儿子，才会弯下腰让盲眼大娘摸摸脸。这些看似不大起眼的弯腰动作，却是由内而外的真情流露，更是他躬身为仆，为事业鞠躬尽瘁的真实写照。细细品味这一蹲一躬一弯，也许能让许多看似挺直了腰板的领导干部找到差距和方向。

纵观现实中的一些领导干部,却并不懂得作为公仆该如何躬身为民。他们或自以为“高大上”，做事有下级代劳操办，出门要群众卑躬屈膝。坐着有人端椅，站着有人打伞，时间久了，身体机能就退化了，连站和走都不会了，更别提弯下身子去贴近民意了。有些领导干部"躬"字朝上，上级来了，鞍前马后、全程陪同、服务周全，一副做牛做马在所不辞的嘴脸。面对群众，那腰板儿挺得可直了。还有些领导干部向钱"躬"。有钱能使鬼推磨，折个腰也值得。糖衣炮弹足以销魂蚀骨，一旦道德原则、国法家纪都被抛诸脑后，人也就成了软体动物。

再看焦裕禄，他可以为群众而躬身，为工作而折腰，却在事关群众救济口粮发放上当场拍板，在遭遇县长各种阻挠时毫不退让，在追究私买粮食补贴干部的问题上挺身担责。"革命者要在困难面前逞英雄"。"干部不领，水牛掉井"。有难处，要冲锋在前，带头干，亲自干；有好处，要先人后己，不私占，不挪用，任何时候不搞特殊化。这才是领导干部该有的正气和担当。而现在的很多干部，往往是享福在前吃苦在后，顺风顺水时特权大权揽于一身。一旦遭遇点儿困难，要么失了方寸，手足无措；要么向上诉苦，等待救兵，还有一些"深谋远虑"当裸官，一看形势不对，就脚底抹油走为上。别人是"为官一任，造福一方"，他们是蝗虫队长，落到哪儿哪遭殃。

新时代赋予了党员干部新的使命和挑战。物质丰裕了，诱惑也多了，社会形势也更复杂了。但是不管环境如何变化，始终坚定心中的公仆信念，为人民服务的宗旨永远不会改变。躬身而为，迎难而上，洁身而好，这样的好官，百姓谁不爱。而想要躬身贴近群众，我们就不妨多拿焦裕禄照照自己，我们做到了吗？

» 你在忙什么？

“在忙什么呢？”、“最近在忙什么？”这是我们中国人最常用的打招呼方式。问得多了，成了场面话，问者漫不经心，答者蜻蜓点水。但拂去那份做作，除却那点客套，我们是不是也该常常问一问自己，是啊，我在忙什么？

有一种忙是真忙。为了干事而全身心投入，这是忙碌；面对挑战勇敢行动，这也是忙碌，为国家社会奉献一生，这更是忙碌。奋斗者的忙碌，意味着不甘守护旧日的满足，开拓和创新是他们精神奔放的大写意，是新的画图，新的面貌，新的异变，来自不懈地进取，不断地创新，不断的忙碌。思想者的忙碌，是充满科学的巧妙构思，是饱含艺术的匠心发挥，是辨证哲理的实际应用，是长远宏图的有机描绘，是有的放矢的真正体现。智慧者的忙碌，往往是在实际行动上，在具体事务中，在各种实事里，因为他们深知，没有因忙碌而衰老的心，只有因闲遐而早逝的人。

还有一种忙是真的假忙。问身边的人最近忙不忙，无不倒一肚子苦水，拉着你的手述说自己如何废寝忘食、殚精竭虑，然后掰着手指给你数上几项重大工作项目，越是那些一天到晚无所事事的人，越是作痛哭流涕状。有些同志是因为面子问题，大家都在一心一意谋发展，自己再不济也不能拖后腿。但有些同志或是揽功推过，不会做事却会给自己贴金；或是做一分夸十分，做的本事一般，忽悠的水平却很高；或是该做的不做，短期内出效益的利民之事不做，不会引人注目的事特别是领导不关注的事不做，如此这般，忙只在嘴上，手脚却都闲了下来。

还有一种是毫无意义的忙。老百姓最痛恨的就是这种行政资源的浪费，臃肿的机构，超编的人员，个个都在忙忙碌碌，却做不出让百姓满意的事情。这种忙，忙的内容和方式出了问题，有些单位一年一个目标，却搞不清自己的发展方向；有些单位，天天搞专项整治，从年头整治到年尾，根本无“专”可言，更是毫无整治效果；有些单位时不时搞个专项工作年，到头来还是换汤不换药；有些单位推崇创新，玩一些概念游戏，还是新瓶装老酒，怨声载道；有些单位口号喊得震天响，百姓真正关心的问题却不愿花心思解决。这种忙，往往是政绩观出了问题，搞得大家很忙，总结起来工作一大堆，便民利民的事却一件没干。

应该说，成功离不开辛勤的忙碌，但并非所有的忙碌都朝着对的方向。创造了事业是忙碌，毁灭了自己也是忙碌；服务群众是忙碌，折腾群众也是忙碌，聪明的忙碌者在于随时调整思路，愚蠢的忙碌总是头撞南墙不回头。有些人看似一刻不停，其实是不着边际地空忙，是毫无目标地乱忙，是没有目的地瞎忙，是不问收获地穷忙，更甚者成了适得其反地倒忙。有些人听则忙忙碌碌，实则忙在嘴巴上的喋喋不休，工作上的夸夸其谈，小事上的絮絮叨叨，真正动手的少之又少。还有些人看似日理万机，其实那忙碌的情节，滚烫的热情，不过是一种博得认可的演戏场面。日久见人心，曲终人自散。这些所谓的忙碌，没有效率，没有效果，既费时力，又费资源，真正比“闲着”还可怕。

因此，你在各种“忙”中晕头转向时，或在各种“闲”中不知所措时，不妨问问自己：每天是忙在正路上吗？时常是忙在点子上么？是正向着自己的人生追求披荆斩棘、昂首前进，还是被世俗名利乱象迷了眼，反了方向，抑或是停滞不前，原地打转？唯有日日反思，时时调整，才不致失了方向，帮了倒忙。

你在忙什么？“忙”很重要，其实，“什么”更重要。

» 诚信和相信

网友笑谈，说现代人的一天是这样度过的：早起，用含有“三氯甲烷”的牙膏刷完牙，喝了一杯含有“三聚氰胺”的牛奶，吃了两个染色馒头，开着一辆厂家承诺回收整改的小车去上班。上班期间，按惯例泡了一杯打过农药的绿茶。中午，与同事到单位门口的小餐馆里就餐，四菜一汤一饭，毒韭菜炒人造鸡蛋，吃避孕药长大的黄鳝，浸泡过的咸鱼，苏丹红染过的酥香排骨，汤是石膏豆腐汤，饭是石蜡抛光陈米饭。待肚子里盛满地沟油后，再吃一个“农药袋”套大的苹果。晚上，看了几集偶尔插播电视剧的专家与明星的产品推介片，用矿物质超标的矿泉水吞服了几粒皮鞋下脚料做胶囊的保健丸，躺在那张声称进口的国产“达芬奇”高档大床上，盖上黑心棉的被子，这一天也就过去了。

这确实是个笑话，但在这个笑话的背后彰显着“道德沦丧”四个触目惊心的大字。我们每个人，虽说不可能如上所说过着那样的一天，然而在这一天当中，肯定有一些东西是我们避不开的。可这个社会到底怎么啦？各个领域又到底发生了什么？前些年，政府通过媒体频繁地喊着“致富”口号，直把老百姓的心坎儿喊得热热的。然而当一个词或一种思潮流行之时，恰是说明了这个词或这种思潮的缺陷。就“致富”的缺陷来说，这几十年来，全社会过多关注的是成功的实例，过多关注的是老板与精英们，过多关注的是白领阶层的嗲声嗲气与娱乐明星们的奢侈和绯闻。至于成功的过程，或确切地说，这个过程中有可能牵涉到的关于道德的、诚信的以及法制的，等等。被表露的却是那么苍白脆弱甚至有些无厘头，同时也折射出在华而不实的口号式标语下漏洞百出的执法机制。更可笑的是，有些个别政府部门动辄发动小学生上街，在炎热的太阳底下，向大人们宣教那些由大人制定的道德规矩。这种效果甚微的做法只能使今后走入社会的青少年形成更大的反差。

诚信是什么？诚信就是诚实与信用的综合体。一个社会，倘若公民表里如一，政府言而有信，如此，诚信便有了基础。反之，公民表里不一，通过不正当手段获取财富，政府言而无信，该依法处理的轻处理或不处理，那么所谓的公民道德的宣传活动也只是哗众取宠的做秀，是挂在口头上的形式。谁会相信呢？有句俗话，叫“惹不起，躲得起”。这只是理想化的自慰，因为与之相对应的还有一句叫“道高一尺，魔高一丈”。倘若人们生活在一个监管失衡、诚信缺失的年头，谁会躲得起呢？你躲得了初一，躲得了十五吗？我们从这几年层出不穷且频繁曝光的各类“毒”事件中就可以明白，一个社会，公民一旦突破了道德底线，还有什么事干不出来呢？这些年来，老百姓对于诸如诚信、道德承诺之类的字眼已产生了极度的疲劳感，因为在这些褒义词的背后却是一口口无法填塞的黑洞。倘若类似的踩着诚信肩膀的日子持续下去，按网民的说法，也只能把“惹不起、躲得起”的俗语反过来说了，因为既然躲不起，那么就惹它吧。将它惹到网络上，将它惹到报纸上，将它惹到法院里，尽管，这可能是消费者们如同堂吉诃德一般所做的无奈之抗争，但至少我相信，每当投枪之时，都将带来声势更大的助威呐喊。这，你相信吗？

» 平淡是真

近期，中央出台的多道禁令，均具有很强的针对性和可操作性，恰如一个个紧箍咒，来整肃领导干部的工作生活。反腐倡廉持续高压态势和群众无时无处不在的监督，使大小干部刻意保持低调，以免把自己置于风口浪尖。于是，有些“见多识广，久经考验”的干部便开始无所适从，大呼命苦，有人甚至发出“官不聊生”的感叹。

看似条条约束之下生活渐显平淡，其实是习惯于高高在上，一下子被拉回了正常人生，难免有些失落彷徨。当索取成为一种习惯，回报就开始变味了，当以权谋私成为正常，为民服务的意识就抛诸脑后了。于是自己的位置被抬得很高，双脚离地告别了常人的生活。有些干部的衣食住行都由下属打点得妥妥当当，渐渐退化为“婴幼儿”，不会买车票，不会用信用卡，不会发邮件，不会查地图。有些干部则沦为“劳模”，一天到晚忙于应酬，家中老小见其一面殊为不易，大有三过家门而不入的先贤遗风。更有甚者，被权钱酒色迷住了心眼，忘却了使命和责任。这些都丧失了社会人的基本功能和价值，注定体会不到平凡生活的酸甜苦辣。

幸与不幸、朴素与奢侈都是对比出来的。个别干部在嗟叹幸福度下降的时候，可以抬眼看看普通百姓的日子。觉得自己房子不够多、不够大，要明白现在有多少人一辈子在为住房奔波，有的甚至是一家几口挤在一个狭小的空间内。觉得车子不够好，可以看看那些在寒冬、雨天打伞步行的身影。坐不上头等舱，要想到有多少人为了抢一张回家过年的普通车票而守候在电脑前，哪怕一张绿皮车的站票也能让他们洋溢出幸福的笑容。认为工作太累，更应去体会农民工兄弟常年日晒雨淋的滋味。巨贪成克杰在狱中最渴求的事竟然是能多晒会儿太阳，这不得不让人感叹：看云卷云舒，四时流动，要学会享受触手可及的平凡幸福。

特权的剥离不等于幸福的远去。相反，平常的生活才是真实人生。应酬少了，跟家人相聚的时间就多了。烟酒少了，身体健康就多了一层保障。没有公车，可以坐班车，跟同事也走的近了。好处没了，换来的是难得的安稳觉。官为民范，吏为民师，干部要起到模范带头作用，这是谁都明白的道理。领导干部本是法规的执行者，就更不应该凌驾于法律之上，成为特权阶层。由特权而滋生的那些福利待遇，是民众额外的负担，现在被收回去了，应该感到庆幸，因为无数事实证明，吸取民脂民膏，离身败名裂就不远了，必将接受人民和历史的审判。倘若因此而失去自由和生命，届时再去向往过普通人的生活，悔之晚矣。

» 心平则安

平安，历来是人类孜孜以求的愿望。平安是福，平安是乐。对“终日望夫夫不归”的妇人而言，平安是远在异乡的浪子重归故里的喜悦；对“古来征战几人回”的军士来说，平安是对渡尽劫难的兄弟最大的期待。“平安满眼数行书”，平安信从来都是最珍贵的物件。善男信女们在求神拜佛时总会求个平安符，而到了除夕，家家户户更会燃放爆竹，意在驱邪魔、迎平安。

平安是百姓幸福安康的基本要求。平安，也是中国梦的核心。没有平安，梦在何方？主权独立完整，国防强大稳固，社会安定和谐，人民安居乐业，这一切，便是中国梦之最厚重的内涵和最纯真的理想。着眼现实，危及平安的因素仍有很多，恶性事件还时有发生。大兴摔婴案、复旦投毒案、恶性上访事件以及近期发生的系列暴恐事件等，这些问题有错综复杂的成因，有“三股势力”的顽固作祟，有道德底线的溃败，有社会矛盾得不到及时化解而导致个人情绪难以控制等，其中，内心失衡也是一个非常重要的原因。

心平则安

心不平则难以安，个人内心失衡，就会影响修身正己。商人忘记了“君子爱财，取之有道”，片面追求商业利益，不愿承担应有的社会责任，偷逃税款，投机倒把，假冒伪劣。官员一旦有了不平之心，就会将最初的信仰抛诸脑后，摆不正位置，放不好心态，有不少贪污腐败分子在很长的时期内都是好干部，后来因为艳羡他人的好日子，开始动摇，有的说自己是被亲友拉下水的，还有的说是被同学会给害的。普通民众也会被不平之气左右，稍有不顺心，就会以暴力的方式作出不适当的回应。

单位部门若内心不平，就难以正确面对群众，难以作出科学判断，为人民服务就会变成一句空话。社会一旦弥漫不平之气，就会陷入浮躁喧嚣的滚滚红尘之中，信仰缺失，道德沦丧，原有的传统美德逐一丧失，可贵的助人为乐和见义勇为被欺骗和讹诈消耗殆尽，剩下的便是不法行为的横行无忌，严重危及人们的身心健康乃至生命安全。国家若心理失衡，就会只顾自己的政治目的，不去深刻反思历史问题，造成民众反感与迷茫，甚至侵害他国内政，给周边地区带来不安定的因素。

心平则安。人类绝大多数的不安和忧虑都是源于不平的内心。正所谓“郡县治则天下安”，如今倡导的平安中国建设之所以要从基层做起，就是因为整个国家和社会的基层是个人，平安中国，匹夫有责。每个人最基础的是内心，放平自己的心，就能为平安中国建设注入正能量，就会消除暴戾之气。如果肆意放任内心不平之气，而去追求外部的平安，这就是舍本逐末，这对于建设平安中国来说，顶多也只能算是一句响亮的口号罢了。

» 高调和低调

积德行善，社会上有两种不同的做法。高调者，认为可让更多人知道，以带动其他人以心向善、回报社会；低调者，认为行善不是为了赢取名声，真心行善者应当以默声为宜。笔者由此展开联想认为，高调和低调就像是音乐中必不可少的两种基调，而为人处事，即是在这高与低之间游走，奏出各自的人生之歌。

行事高调，能为自己带来激情和信心，而给他人造成压力，从而抢占先机，先发制人，成为团体或者事件的引领者或主导者。正是这种被人追捧、被人聚焦所带来的名利和满足，让很多人为之不顾一切。但是，处处闪光、时刻聚焦，只顾找自己的感觉，就容易自以为是而迷失自己，也难免会损害到他人的利益。一旦高调变成了一个习惯、一张面子、一种形式，就得挖空心思地去深掘，甚至去打造、包装，甚至杜撰事件来引起大众的关注，从而走向哗众取宠，演变成一场闹剧而贻笑大方。

很多人喜爱孔雀开屏的光彩夺目，鄙视那些“夹着尾巴做人”之士。他们希望自己能引领风骚，万众瞩目，不愿过着默默无闻或被人忽略的日子。殊不知，孔雀在大多时间也是夹着尾巴，只在求偶的关键时刻，才盛展羽毛，夺人眼球。同样，为人处世，不可能一直唱高调、走高潮，大部分时间还要学会适时夹住尾巴，放下身段，调低自己。

低调处世是一种内在的涵养和智慧。做人谦逊稳重，不骄不躁，不争强好胜。正是这种不张扬，不跋扈的个性，在人际关系中更让人认可与信任。低调不是“低靡”，而是少说话，多做事，所做的好事不夸张炫耀；低调不是懦弱，而是顾全大局，甘当绿叶，不抢风头或争功夺利；低调更不是阴谋，而是积淀实力，蓄势而发。古往今来，也许高调的人可以拔得头筹、赢得先机，但凡笑到最后、成就霸业的，都是懂得韬光养晦安于低调的智明之士。这种谦虚的品质、成熟的心态和长远的谋略，往往在成全别人的同时，也成就了自己。事实上，“不鸣则已，一鸣惊人”，这本身就是一种水到渠成、应势而出的高调。

处于改革与发展的社会，需要低调做人，诚实做事，同样也需要高调的宣传业绩，提升影响。高调还是低调，并无评判标准，更没有对错之分，只要是在某种可控制范围内，那就是无可非议的。有人执着于一味的高调或者低调，落得曲未终人已散的下场，也有人自诩聪明，对涉及自身功名利益之事，竭尽所能唱高调，唯恐天下不知；而真正需要担当责任时，又如缩头乌龟，隐藏起来，害怕祸及自身，却不知人生早已跑了调。为人处世，只有遵循音调规律，各种音阶彼此融合、完美交错，才能谱写精彩人生。

》 干部之“家”在这里

——有感于《周恩来的四个昼夜》

不久前看了电影《周恩来的四个昼夜》。影片讲述了新中国三年自然灾害时期，周总理到革命老区伯延考察调研时所发生的感人故事，而其所体现的领导品质，恰是当前许多领导干部所忽略和缺失的。

影片中，周总理把党群关系归结到一个“家”上。良好的“家庭”关系，需要领导干部真心实意地把每一位家庭成员当“亲人”来看待。家庭团结和睦，面对任何困难都能共渡难关。总理一到伯延，就置身其中，不仅和百姓同甘共苦，同时还引导群众当家作主。在总理心中，群众是家的主人，是亲人。你看他，一声老哥哥、一碗白擀面、一张小板凳，心贴心交流，消除了和群众之间的隔阂，也最终获得了信任。短短四个昼夜，总理一步一个脚印,走出了一条群众路线，用亲身示范，诠释着“家”的经营法则。细细回味其一言一行、一颦一笑，能让许多还在群众头顶飘着的干部找到差距，找准方向。影片的独特魅力正在于此，此亦为影片的主旨所在。

如今愁吃愁穿的艰苦岁月已经远去，可随之淡去的还有党和群众之间那份真挚淳朴的感情。部分干部因精神空虚而迷失自我，沉浸在权力带来的花花世界里。投拜物质满足为信仰，一切向钱看，向权看，失去了判断是非对错、抵御诱惑的自控能力。有些领导干部“主仆”意识倒置，只把自己当主人，视群众为仆人，惠民政策当“恩赐”。有些人职务不高心气高，开会得坐高位，出门得坐轿子，吃饭得坐包厢，总之要比群众高一等。即使下基层也只是蜻蜓点水、走马观花一般。只弄得考察调研俨然成了“公费游”、“马屁秀”，抑或疗养福利，吃好玩好，你好我好。

有些领导干部的“亲人”面比较狭窄，亲领导，疏群众。拉帮结派，大搞裙带之风。只管经营自己的小家，沉溺在鸡毛蒜皮的小九九里，以“一屋不扫何以扫天下”为借口，损己的都往屋外扫，利己的都往屋内搬。他们醉心于以权谋私，只把自己的家属安排得妥妥帖帖；对于群众的事情没兴趣无所谓或能拖就拖，能推则推。你不把群众当亲人，群众也不会买你的账。虽说口号上仍旧是鱼水情深，实际上已经变成了“油水关系”，倘若任其发展下去，必成“水火关系”，导致党基大业摇摆不稳。群众寒了心，又何来家和万事兴。

再看影片，总理把领导干部比作“一家之长”。他对公社主任所提的“谦虚谨慎、实事求是”其实就是当好“家长”的基本要求非常赞同。这八个字看似简单，做则不易。如果说影片中那位公社主任对总理的隐瞒是一种善意之举，那么如今的很多领导干部则是为了头上那顶乌纱帽，虚报浮夸，打肿脸充胖子，弄些“形象工程”、“政绩工程”来忽悠上级。

一个和睦的家庭要有成员间良好的关系，还要有英明的家长来引领。这亦是祖国大“家”健康发展的关键所在。领导干部和群众都是家庭成员，地位平等，对于这个“家”，都要树立主人翁意识，尤其是当家长的，只有把群众路线不断走实、走宽，实实在在地为群众办好事、为大“家”领好路，才能算是一个称职的家长。这一点，周总理做到了，但不知看了影片的领导干部们能否做到。

» 吐掉的规矩

前不久去市里听了一堂以依法治国、依规治党为主题的党课。讲课者为该市某位领导，讲得颇为生动，让台下听众深刻感受到依法治国的前景和自我做起的重要性。会后，刚出会场大门，便见授课领导一声咳嗽，痰液从嘴边飞出三米之远。吐得那么自然而然，吐得那么清脆响亮，着实让周围的人都愣了一下。

随地吐痰，一件很小的事情，却折射出不小的问题。1896年，清末大臣李鸿章在彼得堡参观时，也曾吐过一口痰。国际文豪高尔基在《克里萨木金的一生》里如此描写："这位洋务派居然呸的一声，在大庭广众间，在前呼后拥中，随地吐出了一口痰。"言语间充满了对其个人素质的轻蔑和讽刺。这口痰真是吐出了大清的"风范"，吐出了国际水准。如果说，当初的李鸿章轻轻一呸，失掉的是来自文明古国的素质涵养；那么上述的那位，吐掉的绝不仅仅是的文明素养，还有挂在嘴边的法治思维和规矩意识。

一斑足以窥豹。一个人的文明举止是其基本素质和内在涵养的具体表现，受长期的教育、环境、家庭等各方面的积累和影响，绝非一日之功。明朝哲学家王阳明曾在率兵平定宸濠之乱后说过："去山中之贼，易；去心中之贼，难。"心中之贼就是指自己长期以来养成的偏见、欲望与执着，实在不易对付。作为领导干部，就要比常人多一点自制力和意志力，学会用规矩约束自己的"不文明"，用纪律克制自己的"坏习惯"，在与党纪党规的对照标杆中，约束自己，规范自己，逐步去掉心中之贼。

当然，课堂上规规矩矩，转身就随地吐痰，如此"直接干脆"的领导干部毕竟只是少数。身为领导干部，手握对公共资源的行驶权力，自然要求其有超过一般人的道德素养、政治素养和规矩意识。然而现实中，类似的"吐痰"者并不在少数。表面上道貌岸然，背地里阳奉阴违，说一套、做一套，用各种"吞吐"的技巧，把党纪国法、上级要求、规章制度随意丢弃。有些干部练就了"阳奉阴违功"，每逢开会学习，态度认真而严肃，会后依旧是有禁不止、我行我素；有些干部擅长"借力打力"，无论纪律或规矩，板子只打下面，对别人用显微镜，对自己用老花镜；还有一些是"两面人"，在众目睽睽下规范有序，俨然是道德模范，阴暗处却以权谋私，是脚踩红线的惯犯。多少贪官在被抓捕的前一刻，还在台上义正言辞，在伸手贪赃的那一刻，还在媒体上发表反腐倡廉的文章。

学归学，吐归吐，说归说，做归做，浪费的是公共资源，污染的是公众环境，伤害的是群众信任。个别官员的不自爱、不自制，最终有可能失掉的却是政府的公信力，因为镜花水月的谎言多了，群众就会对相关的决策部署产生反感，甚至对国家的决策方针都产生怀疑。心里不认可了，更不会去认真执行了。

很显然，领导干部如此“吐痰”，归根结底是觉悟不够、定力不足，学的时候追求形式主义，做的时候应付了之，没有检查自身问题对号入座，满足于浅尝辄止、照搬照抄。需要规范约束的时候，是世外高人；可以拿权获利的时候，又是责任主体，吐的是规矩，吃的是利益，这样的小算盘，打的多么精明。自己都没有投入感情，去认真领会，去带头落实，去整改提高，又怎么能要求群众去严格执行。如此下去，依法治国、从严治党等政策要求又怎么能层层抓实、处处落地。

» 名声与名胜

假期，去远郊一座千年古刹游玩。寺庙坐落深山之中，殿宇巍峨、庭院清幽，保留着明清时期的风貌特征，故素有江南“第一古刹”的美名。游人到此，既可享受寺外明媚的自然风光，又能领略深厚的文化内涵，实为清心大雅之地。

然而，这样的氛围被熙熙攘攘的游客一扫而空。到处是人头攒动，人声鼎沸，焦灼、烦躁的情绪弥漫在空气中；垃圾随处可见，花木受损被折。无论从哪个角度看都难以让人赏心悦目。几次想驻足多看一眼，却惹得旁人不耐烦，或是一不留神成了他们镜头中的风景。无奈只得悻悻离去。

归途中遇到了另一座寺庙。心想既然这么远来了，总不能一无所获而归，遇上了总是有缘，去看看也罢。没想到这个决定竟使我收获意外惊喜。寺内游人寥寥，十分清静幽雅，始于辽代的建筑群，错落有致，古树抱塔，松柏森森，庄严肃穆，更有钟声悠扬，令人心神宁静。就在这挺拔苍翠的参天古树间，在飞檐翘角的红墙琉璃瓦间，我细细探询禅意，内心回归宁静。直至夜幕降临，才依依不舍地离去。

仅相距几公里的两座寺庙，因名气不同，遭遇和环境却如此不同。不过想来也并不觉得诧异。但凡冠之以“第一”、“最什么”的盛名，必然会格外吸引眼球，难逃众人追捧。而过度的“追捧”，往往带来伤害，除了设施、环境的破坏，更要承受人们“慕名而来，败兴而归”的失望。由此看来，出名实在是大不幸。这也是佛家“事不可太尽，凡是太尽，缘分势必早尽”的禅意吧。

在现实生活中处处是这样的例子，无论是奥运会的冠军，还是演了一部电影或唱了一首歌而瞬间大红大紫的艺人，甚至得了诺贝尔奖的作家，一夜之间就成为了媒体报道的焦点，冠之以“中国有史以来的”，“世界最”什么的头衔，记者围堵，粉丝追捧，应接不暇的各种应酬活动……热闹过后，再无突破，过度关注很快成了负担，无法再做到像成名之前那样有时间有精力去潜心专研，事业往往从此停滞不前。而各种质疑、攻击更是蜂拥而至，落井下石的有之，冷嘲热讽的有之，于是便有了“名人三秒钟寿命”的理论。

纵观历史，但凡智慧者总能保持荣辱不惊的淡定，坚持清醒理性的思考，去除浮躁，正视成绩和不足，保持谦虚的本色，面对外界各方声音，都能做到“心如巨石，风吹不动”。我总觉得，我们的社会缺乏的是平等文化，人们通常对成功人士顶礼膜拜，趋之若鹜，对失败者不分青红皂白嗤之以鼻。平等的文化讲求的是众生平等，一视同仁，社会能以平常心对待名利成功。淡泊的社会氛围，于成功者没有滋养骄傲的土壤，于平常人则有公平照耀的阳光；平等的文化是开放的、宽容的文化，既赞赏成功，也容得下错误和失败。而一个缺乏相对宽松的环境，就像板结的土层，压抑种子的发芽和成长。平等文化是尊重社会多元化的文化，名利不应是衡量成功的唯一标准，更不会以收入、金钱论英雄，自然也就不会出现某高校教授对学生道出“当你40岁时，没有4000万身价不要来见我，也别说是我学生”之类的雷人寄语了。无论是富贵还是贫穷，追随梦想、认真生活的人，就应当值得尊重，这样的社会文化环境里，你还会把“冠军”、“第一”看得那么重吗？

» 农家书屋几多愁

新农村建设，图书室算是必备的硬件之一。去年秋天，我到某著名的示范村参观，在前往图书室的途中，看到在民居门台上镶着“别墅”两字的铜字招牌，也看到将自然的溪流两岸筑成花岗岩堤坝，且不谈上述的是非或雅俗，但至少可以看出部分村民富裕后的心态。

进入图书室后，现状与我预想的出入很大。一溜的书柜排过去，少说也有三千余册图书，十分壮观。但仔细一看，其实真正可称得上“书”的也不多，倘若除却那些不伦不类的行业期刊与武打小说，甚至不比我家藏书。期刊的确很杂，工商的、电信的、交通的，还有那种在车站码头流行的，即把封面女郎与内容提示弄得非让人眼球喷血不可的地摊货。

管理员姓陈，是一位本科毕业回乡的小伙子，有点腼腆，但讲实话。见我有些失望，他解释说，大部分期刊都是城里的单位下乡搞活动送的，虽说没人看，但既是人家送的，摆在书架上凑凑数也不错。还有些是村里年轻人自己看过的旧书，本来要打包卖掉的，见村里头办起了图书室，就捐过来了。

我说为何少见那些农业科技类的？陈管理员说，这些书本来就不多，如果树种植、畜养、致富经什么的，人家借了，好像就当字典用了，大多就没还过来。边上有村民插嘴，说有借就该有还，可其中几本就好像梦中情人，难得有接触的缘分，甚至从来就没露过脸？

陈管理员说，该催的也催了，都是一个地方的，人家就是不还你能怎么样？我说，是啊，为了一本书与熟人撕破脸也确实有点难。

见我对他有所同情，陈管理员也就难免与我多聊上几句。我从中得不出什么结论，却也颇有意思。他说，有些书，漂漂亮亮的，未借时，尚是青春少女，一旦出借，回来时就成了黄脸婆。还有些出借书则犹如出嫁的女儿泼出去的水，反倒成了人家的东西，想不想回来已不是你说了算。超期还书还属正常。那些成了黄鹤而一去不复返的就有点不应该了。

另有些书刊是布料做的，大概因为花哨，老是吸引个别人做起裁缝的念头，摸出剪刀，就咔嚓咔嚓起来。所以有些书刊借过来时还不知觉，打开来一看，就有一扇天窗在等着你来透风。所以难怪，农村的书刊资源本已不多，如此一弄，就更捉襟见肘了。

聊谈中，陈管理员多次提到倡议村民捐书，理由是如今村里人有钱了，也该在文化素质方面做些投入。这是好点子，能替村集体减轻开支负担。不过，个人认为，书得捐，但要捐好书，捐有益于农民兄弟的书。而且，不但是村民自捐，还得发动全社会来捐。这对于新农村建设中的图书室，无疑也算是一种贡献。

如果你舍不得购新书，就在家里头找找，也可能会找出几本来的。这些书，只要是对新农村建设有用的，尤其是那些科技、教育、卫生类的，就算农民们借去了不还，从某种角度来讲，也是一件好事。至于那些与农民不搭界的行业类期刊，还是不要拿来充数，说难听点，这些本来就是自己写自己的期刊，连圈子内看得人也不多，何况我们的农民兄弟！

与陈管理员一席谈，很简单，谈的就是借书、还书与捐书。

» 医在前，利在后

从去年年底温岭市的杀医事件，到近期湖北某医院发生的人为纵火案，近年来，各地“医闹”事件愈演愈烈，甚至已经成为两会“紧急提案”。医患之间本应该是互相信任、和谐融洽的关系，如今却成水火难容，从纠纷上升到闹剧，甚至是悲剧，不得不引人深思。

纠纷出现，一个巴掌拍不响。无辜但不会无端。对医生来说，讲的是悬壶济世、妙手回春。人人都会成为患者，但不是人人都能成为医生。相比普通职业，医生应该有更高的道德门槛。古书《神仙传》有载：“君异居山为人治病不取钱使人重病愈者，使栽杏五株，轻者一株，如此十年，计得十万余株，郁然成林……”为纪念这位三国时期的道医董奉，后人用“杏林”称颂医生。可见，医德重于医术，医术高超，更需医德厚重。偏偏现在的医生，极少再自居“杏林中人”。在追逐名利的现代社会，医生有着太多的无奈和压力。生了病，医生是唯一的希望。出了事，医生也是首当其冲，成了众矢之的。

从患者的角度讲，他们更多的是弱势群体，背负着“看病难、看病贵”的沉重包袱，花钱花精力，目的就是看好病。一条人命，一次纠纷，对医生可能是一次失败或者无辜牵连，对别人是一声叹息，降临到自身和家庭那就是百分百的浩劫。暂时的无法接受或者心理失衡也属正常，只要能够合情合理地去解决，毕竟这种没有赢家的纠纷，谁都不愿意有。但如果医生的自身安全都受到了威胁，又谈何去治病救人。

再看如今的医院，也颇有点“与时俱进”的味道。有些俨然成了商场，逼着医生成为商人，快餐式看病，一条龙检测，配药的时候还得想着不能一次到位，得留点回头客。不管大病小病，都是排队几小时，看病几分钟，检测几十项，花了几千块，还得反复来几回。营销如此成功，难怪医院人满为患，而大楼也越拔越高。有些医院讲名头，为了三甲、5A之类争得不亦乐乎，对外拼硬件、拼设备，逼着医生比学历、比论文。至于医术好不好，病人怎么说，都无关紧要。一旦评上三甲，总能吸引患者往里挤。资源就那么一些，患者看不上病，只能想着找人脉托关系。医生看不完病，只能顶着超负荷大压力，都是苦不堪言。还有一些医院发展高科技，这是今后医疗水平发展的必然趋势。偏偏很多医生动则仪器看则指标，只会看检测数字配药治病，几乎丧失了望闻问切的基本技能。上个医院，手指不被戳两下，身体不被照一照，就治不了病。至于这少则几十，多则几千的检测费用，自然成为了医院发展新科技的资金支持，只是这取之于民、用之于民的方式总让人觉得不是滋味。

医患关系很复杂，涉及方方面面。医患关系也很简单，只要各个主体各司其职各尽其责，总能理顺平和。自古以来，医院都是扶弱济困的公益机构。医院不是企业，更不是商场，不能以营利为目的，更不能指望着医院来创GDP。说到底，医院就是保障和服务。服务医生，使其安心钻研、悉心治病；服务患者，提高其就医的性价比，更要发挥好医生、医院和患者、社会之间沟通的桥梁作用，防患于未然，营造和谐的医患关系。

» 无奈

前不久，与一位在事业单位任纪检干部的熟人闲谈。几句柴米油盐之后，便转入反腐与职业道德这些热门话题。腐败乃社会发展阻力，而恪守职业道德，从某个角度来讲，恰是抑制腐败滋生的一帖良药。当前，腐败现象已波及各行各业，撇开公务员队伍不提，在事业单位工作人员中也呈上升态势，此起彼伏地冲击着人们的道德底线。

对此，这位熟人淡淡一笑，说面对腐败覆盖面的扩大，我们已采取了相应措施。刚刚出台的《事业单位工作人员处分暂行规定》，就是很有针对性的东西，一旦有谁违纪违法，可以马上套在他的头上。

我说老兄不提也罢，你一提我正有话说。这项《规定》我读后心里有一种说不出的滋味。它看似专门针对事业单位工作人员，却如同撑着雨伞又穿雨衣那般多余。干吗要在已颁发的法律条文之外又弄出这么个规定呢？是现有的法律存在漏洞，要做些亡羊补牢之举，还是这个《规定》可以更有效地杜绝事业单位工作人员违纪违法？事实上，通读整个《规定》，既非现有法律的局部修订，也不是能够根治病症的新药。比如《暂行规定》中列举了几种需要处分的违反职业道德的行为，诸如抄袭、剽窃、侵吞他人学术成果，伪造、篡改数据文献，或者捏造事实等学术不端行为；利用职业身份进行利诱、威胁或者误导，损害他人合法权益；利用权威、地位或者掌控的资源，压制不同观点，限制学术自由，造成重大损失或者不良影响；在申报岗位、项目、荣誉等过程中弄虚作假；工作态度恶劣，造成不良社会影响等，难道除了这个新出台的《规定》，现有法律就无法约束或惩罚了？

我只能说，出台这个《规定》出发点是好的，却给人“多此一举”、“新瓶装旧酒”的印象。无独有偶，此前有些地方政府或部门还针对社会上某些行业内出现的恶性事件，专门推出了“严禁教师强奸学生”、“严禁警察钓鱼执法”、“严禁官员包二奶”之类的规定，看似在向民众宣布自己的重视程度，另一方面恰恰暴露了监管不严与执法无力以致重复设定红线的无奈。难怪有人说，你严禁这严禁那，莫非不在这严禁范围内的其他人就可以强奸学生可以钓鱼执法可以包二奶？

所谓职业道德，是同人们的职业活动紧密联系的，是符合职业要求的道德准则、道德情操与道德品质的总和，它既是对本职人员在职业活动中的行为要求，也是相关职业对社会所负的道德责任与义务，是人们的履行本职工作中理所应当遵循的行为准则和规范。因此，无论是谁都应遵守职业道德，更严格地说，遵纪守法是每一位公民应尽的义务，谁违反谁受罚。法律不是政策，每个部门可以有自己的一套，法律的公正就体现在它对谁都一样。因此将某些条款搬到自己部门里另行“造册”，只能说明某种只可意会不可言传的无奈。

是无奈吗？我问这位熟人。他苦笑一下，说不出。

» 颓废“汉字”几时休

“不要告诉别人，你的肚子是被我搞大的！”显然这是一句相当猥琐的话，一般只在影视节目或某些灰暗场所里才会出现。但在近日，有人堂而皇之地以横幅的形式把此话用在了公共场所——苏州的某湘菜馆门口。

我知道这是酒店在玩噱头。只是我一点儿也笑不出来。这年头儿，为了哗众取宠，为了引人注目，说到底是为了捞取钱财，总有人打汉字的馊主意。他们不顾汉语言固有的秩序与语境，挖空心思玩起了“文字游戏”，且以此为乐。

遥想唐宋时期，文人们追求语不惊人死不休，由此树起了两代诗词大家的不朽旗号，至今无人能够逾越。春秋变换后的今天，咬文嚼字早已跳出了诗赋或求知的本身，转而却陷入娱乐与商业搂腰搭肩的另类时代。人们以丑为美，以出挑为乐，干露露、凤姐之类的人物以新版的东施效颦之形式频频亮相于大庭广众之下，而伟大的汉语言，此时此刻也不得不卑躬屈膝，受制于人类的种种欲望。

为吸引眼球，商家不惜以糟蹋汉语言为代价，编出了各类稀奇古怪的广告语以造声势，加上地方政府搭台，媒体带头助阵，标题党们大行其道，打擦边球的广告语屡见不鲜。江西宜春，以一句“宜春，一座叫春的城市”作为城市的形象宣传而令人啼笑皆非。某楼盘，竟用一幅半裸美女的照片，打出一行文字“不能再低了”。某房产中介的报纸广告：你的房事我来搞定！某丰胸广告：没什么大不了的！某饭店招牌：饭巴斯腾。某电脑品牌公司广告：软硬兼施。某妇科药品名称：伊能静。某理发店招牌：得艺旺行。类似的还有许多，可谓不胜枚举。这里头，有生搬硬套的，也有牵强附会的，有故意无厘头的，更有歧视妇女的。表面上看，无非是商家玩玩噱头，哗众取宠罢了，但折射出的，恰是中国语言文化滑向没落的深层问题。人们身处金钱至上的社会，凡事急功近利，或追求立竿见影一夜暴富，或梦想俯拾是金一劳永逸，心态一旦浮躁，也就难怪媚俗的东西横行过市了。倘若就这样发展下去，糟蹋汉语的行为任其泛滥，最终的后果将是我们的国语被颠覆得惨不忍睹，恐怕我们的孩子将来也只能以外语为荣了。

也许有人会问：难道我们就不为下一代担心吗？就眼看着祖国的花朵们走过这样的启蒙阶段，长大后也去如法炮制吗？问管问，做管做，因为到目前为止，并不见哪个地方的工商部门出面干涉，也从未听说过相关部门在审批手续上设置严格的把关程序。所以我们似乎也只能被动地希望商家做到应有的自律，不再利用汉语言去折腾出什么惊人的效果来。但如果监管部门出手或人大立法规划此类广告用语，对在公共场合乱用汉字给予必要的惩罚，我想效果就不一样了，而这，也是救汉语于颓废的必走途径。

» 警卫与礼仪小姐

去部门或单位办事，开门见山便是穿制服的警卫。站住！啥事？登记。这是例行公事，无可厚非。只是经常发生有人不屑于警卫的盘问，好像人格上被打了折扣似的。自尊心特强者，或转身就走，或迫于事情重要而无奈就范；而某些个自持有身份者，则摆出比起警卫更要居高临下的姿态直闯进去。于是，冲突也就成了不可避免之事。撇开客人的心态不谈，尽管警卫的盘问与登记当属职责，但我们大多是全心全意为人民服务归根结底替纳税人办事的机构啊，你弄了一对狮子在门口辟邪尚且不够，还要防贼似地安排虎视眈眈的警卫，这对于大多数人而言，心里头的不爽也就不足为怪了。

警卫把门，归于安全制度，也是我们这个国家几乎所有企事业单位以往的惯例。酒家宾馆商场不在此列，他们也有警卫，却像是“室内巡警”，并不固定在某个位置。他们的门面主要由礼仪小姐支撑，笑脸相迎，鞠躬尽职。其实，除了那些需要高度安全与保密的单位，政府部门只要放下高高在上的架子，也可以仿效上述方式，给来办事的老百姓一种宾至如归的感觉。您好！请问您有什么事？请问您找谁？这年头儿大概除了商家，几乎已很难找到发自内心的“您好”这词的存在之处，而政府部门的礼仪小姐却可以承担这个重返文明的义务。但见她亭亭玉立于门口，红黄蓝白青旗袍来个一二三四五天对换，以笑脸来请大家拿笔登记，并款步引路，带领客人来到某个部室。“黄局，有人找你。”“张处，你约的客人来了。”这是何等的美好！与酒店、娱乐场所等相比，那种将客人引向包厢什么的，其实就是瞄着人家口袋里的人民币，是笑面虎，是有偿服务，而我们是无偿服务，是行政服务运作中一段令人赏心悦耳的过门。他就是生气而来，也会消气而去。

那么警卫跑到哪里去了？警卫还在，或待在警卫室里，一对耳朵依旧竖着，一双眼睛照例在视屏上作扫描状，或行走在通道里勤快地巡逻，凡不愿意接受笑脸服务的，有意跟礼仪小姐过不去的，存心过来捣蛋滋事的，警卫就会“现身说法”，甚至采取“扭送”的必要手段。

政府是党的躯体，也应是人民的手脚。党和人民都喜欢微笑服务，微笑对于躯体与手脚也很舒畅，有利于通筋活血。有人说，政府的人都很忙，忙于文件忙于检查，只是不明白忙于“文件”与“检查”的最终目的是什么。而“文件”与“检查”这两个中性词本来就缺少笑意，所以面对老百姓的他们就忘记了微笑，尽管只需嘴角那么轻轻地一扬，却也觉得凝重。既然连雇用的保安也被感染了威严与古板，何不请个以微笑为业的礼仪小姐过来，调和一下气氛呢？或许，还会带来一些包括和谐、安定在内的其他更大的效应呢！

» 老板与千里马

前不久与一位旧友聊天，谈到眼前企业所面临的“瓶颈”问题。他说自己打拼十来年，好不容易把家族企业抚养长大，在即接传给下一代的时候，企业却开始止步不前。请来专家把脉，分析有二，一是裙带关系过密，造成管理成本偏高；二是技术含量一般，产品竞争力不够。而要解决这些问题，首先要做的是舍得出钱，引进没有血缘关系的外来人才，加入家族企业的核心阵营，从“旁观者清”的角度对企业进行革新。一想到让“外姓人”参与企业决策，这位旧友便觉得有些不放心，所以至今未做出决定。

大凡企业发展到一定的规模，都会面临如何转型这个难题。除非不想发展，或满足于现状。但要想成功转型，寻求外援便是一条捷径。所谓外援，其实就是机体运转所需的新鲜血液。因此，我认为，那位专家的药方只开对了一半。因为这年头儿，只要出得起钱，找得千里马也非难事，重金之下必有勇夫嘛。然而，如何让千里马正常发挥能力，倒是一门复杂的学问。这也是大多数家族企业最难把握的一件事。人用对了，企业发展顺畅，愈加壮大。反之，便会出现一些半拉子的技术项目，外援或一走了之，或变成一匹“害群之马”，只会把企业引向反面。

我认识一位专门帮企业做经营改革的香港人。近几年来，他被内地多家企业高薪聘请过，成功后便激流勇退。依他的自我定位，其作用就像医生，替病态企业作客观诊断，然后确定治疗方案。“问题是这些家族企业对你的方案会有一种立竿见影的苛求，或为了维护自己的掌控权，总是对你具有戒心。”他说，“他们太急功近利了，短期内一旦效果不明显，就会遭遇白眼。他们或采取其他的方式去用药，或干脆向你发出逐客令。但倘若进展良好，前途光明，他们则会千方百计削弱你的权力，或安插亲信在你身边，监控你的动态。”就在年前，这位老兄刚被一家温州的家族企业解聘。在此之前，他的精力几乎为如何融入以老板为核心的管理层所牵制，至于创新或经营战略，在个人尚未得到认可之前，几成空谈。这回他算是尝到了失败的滋味。而那家民企，听说还在继续寻找另一匹千里马。很显然，这位老兄的失败，是因为与企业主之间缺乏互信。这不是双赢，实是双输。

讲求关系和人情素来是中国人的特点，这种感性的文化往往又让金钱来扮演交往的媒介，从而冲淡了应有的理性。其实，做老板的应该明白，引进外援是一项长远投资，不可能一步到位就使企业摆脱窘境。大凡优秀人才，他看重的不仅仅是你所给予的高薪，还是高薪背后所带来的挑战与成就感。你要松弛戒心，给他们权力，这是信任之体现，同时也有利于建立他们对企业的归属感。另外，作为人才，也不能自恃过高，或眼高手低，在实施方案之前，首先要了解企业文化的内涵。只有让老板时刻感受到掌控权，作为人才的你才能放开步子搞好项目。

» 时间主人·仆人

时间都去哪儿了？这是马年的流行语。看似有点儿无厘头，却包含着对蹉跎岁月的一种叹息，是对人生的一种反思。

我们的时间都是怎么度过的？有的人一杯清茶，一份报纸，无所事事只求闲情逸致，于是就有了北漂小伙返乡六次办护照遭刁难的案例；有的人把时间花在酒桌上、牌局上，游山玩水、灯红酒绿、声色犬马，于是就有了打之不绝的苍蝇老虎；有的人浑浑噩噩、不知所以，不知所然，于是就有了不找工作的状元，流浪四年还无所事事。

那些缺乏群众意识的公务人员，似乎是在懒散的时间里滋长了官僚，不仅耗费了群众的大量时间，其种种刁难还意味着更多无谓的受理和解释，造成行政资源的浪费。还有那些无法控制时间而沉湎于网络的年轻人，往往在信息过剩中失去了自己判断的能力，甚至失去了面对虚拟与现实矛盾的勇气。不良的生活习性，不仅于身有害，折损人的寿命，更会摧残人的精神世界，使其丧失信仰，虚度年华，在剩下的岁月里则只能是诸多不顺，处处碰壁。

我们如何做时间的主人？要把时间放在刀刃上，那些感慨“官不聊生”的公务人员们，要把有限的时间放在为民服务上，进一步简政放权，合理优化办事程序，杜绝相互推诿扯皮，只有追求工作效率，才能腾出更多的时间和精力服务于社会，才不会陷入“徒有案牍之劳形，却无寸功利与民”的怪圈。

为什么我们会感叹时间的流逝？在人生道路上，很多人都在急行军，过分追求成功速度，没有控制好时间，而是被时间控制了。不要满足于肤浅地做过一件事，去过一个地方，生活虽然丰富，感受却很少，到头来觉得自己什么都没做。不留心，不投情，不会有“感时花溅泪，恨别鸟惊心”的深刻体验，也不会有“一枝一叶总关情”的丰富情怀。要静下心来，沉下身子，适当放慢节奏，安排时间与家人团聚，追求健康情趣，报答父母也好，实现梦想也好，享受生活就要从现在开始，读读书、看看电影、爬爬山、散散步，适当打打游戏，做一些运动，偶尔去乡间小道走走，这些会充实你的时间，让生活充满爱，时刻体会到生命的真谛，而时间也会放慢脚步，与你同行。

时间是人最宝贵的财富和资本，知道时间去哪儿了，也就懂得该怎么管理、利用时间了，如果每个人都能很好地掌控自己的时间，做时间的主人，那么离实现“中国梦”也就不远了。

» 何来“不杀之恩”

“多谢当年你的不杀之恩”，这是时下网络流行语，看似轻松调侃，却源于4月初发生在复旦大学的一件震惊全国的投毒案件。经警方初步查明，仅仅因为一些生活琐事，黄洋被室友林某通过注入在饮水机内的剧毒化合物毒死。然而这并不是单纯案例。几天后，南京航空大学的两名同学，在宿舍内玩游戏时发生口角，并大动干戈，其中一同学被另一同学刺死。由此，人们联想起9年前云南大学的马加爵案，16年前的清华女生朱令“铊”中毒案。论其诱因虽都微不足道，但手段之残忍或阴险却令人毛骨悚然。于是“多谢当年不杀之恩”就流传开了。

究竟是什么样的“深仇大恨”才会令一个高才生对另一个高才生以毒杀解恨？如果把这些校园案件串联起来，便能显示出令人无奈的社会性病症。这些病症无疑在告诫我们，倘若当今中国的教育还沉醉于以文凭以成绩来论功行赏的功利主义，而不从根本上改革应试教育模式，这样的悲剧还会延续。

应该说，校园时代的纯真友谊是最值得人珍惜和怀念的。而如今“防火防盗防室友”、“谢室友不杀之恩”等调侃蹿红网络，恰恰印证了中国应试教育失败的一面。如今的教育，偏重的是标准化的政治填空与知识技能传授，忽视了人格教育。像林某这样，虽说成绩优异，外表看似是一位有志青年，心灵却在阴暗中发霉变质，冷漠、嫉妒、自私、偏激这些不应与阳光青年搭边的字眼全都依附于他身上。人心一旦扭曲，那么他所做的丑恶，便成为必然。即使今天他不投毒，日后的某一天他仍然会去谋害别人。

当前社会，独生子女比例不断攀升，青少年6+1家庭结构中，从小习惯了以自我为中心，缺少对他人的尊重、对生命的敬畏，缺乏为人处世的能力，缺乏宽容、理解、沟通和应对挫折的品质等；名校身份成了判断一个学生优劣的第一要素，重智商而轻情商；在竞争日益激烈的当今社会，青年无疑还承载了较大的社会压力。一个青年，倘若在成长中的因素得不到及时排解，心灵阴霾不断积聚，那么酿成大祸也就不难理解了。

一个社会，一旦权力与金钱至上，那么焦躁就会悄然而至。成王败寇，胜者生存已成为我们的主流价值观。在这样的残酷竞赛中，讲的是人脉交际，要的是权钱色利，其他的人性人文、道德伦理都被挤出狭窄的价值空间。也许，这样的说法有些人并不认可，那是因为当我们自己都喊惯了空泛口号后，已经忘了怎么去接地气接人气的人性关怀、道德建设和修为养成。

有人把人生比作一辆马车，它的双轮应该是知识和心理的平衡发展。如果两只车轮形成了失衡状态，人生漫漫长路，又怎能平稳驰骋呢？而年轻人一旦对整个社会的认知发生误差、扭曲和分裂，就容易把自己所有的挫折和不如意都归因于他人的阴谋和陷害。心理的日渐阴暗和郁闷，使不少年轻人更难走出生活的困境，甚至一蹶不振。而少数偏执之徒，则会选择暴力发泄，更有甚者，在丧失自我修为和放纵自我约束的情况下，走极端成了最终的选择。

» 再谈校园投毒

日前，多家媒体报道的某名牌大学硕士研究生林某涉嫌投毒杀害室友的案件，激起社会舆论千层浪。而让人意想不到的是，这起毒杀事件的导火索，竟是诸如水票分摊之类的日常生活中的琐碎小事。

近年来，因小小争执导致“同室操戈”的校园悲剧不断上演，北京大学的“铊”投毒案、中国矿业大学的投毒案、震惊国人的马加爵案以及新近发生的南航学生刺死室友案等，其诱因之微不足道、手段之残忍都令人瞠目结舌。

曾几何时，校园时代的纯真友谊是最值得人珍惜和怀念的，《睡在我上铺的兄弟》《同桌的你》等校园民谣传唱不息，而如今却有“防火防盗防室友”、“谢室友不杀之恩”等调侃蹿红网络，这其中的深层次原因值得重视。

像林某这样，因一点小事，便起杀机，实属心灵“中毒”太深。而这种冷漠、自私、偏激的心灵之毒的形成绝非一朝一夕，是家庭、学校、社会对青年心理教育和人格培养的缺失所带来的弊病。

当前社会独生子女比例不断攀升，青少年在6+1家庭结构中，从小习惯了以自我为中心，缺乏对他人的尊重、对生命的敬畏，缺乏为人处世的能力，缺乏宽容、理解、沟通和应对挫折的品质等;“唯分数论”的应试教育制度，导致无论学校还是家庭，都一味以成绩取胜，考试分数、名校身份是判断一个学生优劣的唯一标准，重智商而轻情商，忽视了对孩子道德品质与健全人格的培养;在竞争日益激烈的当今社会，青年无疑还承载了较大的社会压力，未毕业即面临失业的担忧、过高的房价、父母长辈望子成龙的期望等。

然而一贯缺少心理教育这样的“解药”，缺乏对孩子情绪感受、人格培养的关注，导致青年在成长中的困惑得不到及时排解，心灵阴霾不断积聚，最终酿成大祸。

有人把人生比喻成一辆马车，它的双轮应该是知识和心理的平衡发展。知识发展是对人类文化财富的继承，而心理发展则是对快乐、感恩等精神财富的挖掘。如果两只车轮形成了失衡状态，漫漫人生长路，又怎能平稳驰骋呢?

“投毒案”虽是个案，但却折射出社会性病症，它再次警示我们，当今中国的教育亟须从根本上摒弃功利价值观，从根本上改革应试教育模式，在注重知识和技能传授的同时，更要重视人格教育，实现青少年德与才、知与识、情与理、智与能等诸方面的协调统一，培养出智力素质和人格素质同步发展的和谐之人。

“青年兴则国家兴，青年强则国家强”，社会的进步，中国梦的实现，正是要从具备健康人格的青年培养着手。

» 谈干部之后备

某日省城开会，午间休息时几位熟人聚在一起闲聊。在场的几位都是政府部门的，相互间知己知彼，因此对目前工作中的一些问题并不顾忌。话匣子打开后，也就难免转到目前网络上比较敏感的选拔年轻干部的话题上。

个人认为，预备也好，后备也好，根本还是一个“备”字。选拔、培养和使用后备干部，牵涉整个干部的用人导向和效果，要有总体的评估和谋划，特别是年轻干部，要护苗，忌拔苗。干部怎么“备”，“文”章做在“田”上，正如习总书记在《之江新语》“不能在‘温室’里培养干部”一文中所说的“对后备干部要注重在艰苦岗位、复杂的环境中去锻炼、识别。铺‘路子’不如压‘担子’”。

一般单位在后备干部配备要求上，都会要求35周岁，或者40周岁干部占一定比例，年轻干部成为后备干部群中的关注点。因此，网络上也会时不时传出有关年轻干部使用的问题，27岁副书记、27岁副县长、29岁市长……屡见报端。最有名的，恐怕还是河北省石家庄市团市委原副书记王亚丽，不择手段编造虚假身份、干部档案、工作经历，而偏偏也有一些人为这种违法违纪、不正之风“保驾护航”。

干部培养使用要遵循科学规律，作为执政党，用人必有严格的规定和要求，但总有些单位，放着《干部选拔任用工作条例》中明确的条款不用，就是喜欢在“非常优秀”、“放宽条件”这些字眼上做文章。造成在后备干部选任中缺乏足够的说服力，甚至出现违法违纪问题。

虽说《条例》中规定：“党政领导班子成员一般应当从后备干部中选拔”。但后备干部毕竟只是后备，需要面对备而先用、备而待用、备而不用等不同境遇。即便是备而就用，也有些单位对年轻干部的培养使用缺乏长期规划，我们经常可以看到，有些优秀年轻同志，过早走上较高领导岗位，之后就长期在该职级在交流调任，短时间的作用是发挥了，但更多的时间却处于平淡，这些直接撞向“天花板”的年轻干部，与其他稳扎稳打的干部相比，从长期发展来看，并无多少优势。一旦选拔时的优势不明显，使用时的优势又不明显，两个优势不明显，也就失去了后备干部这个意义。

» 社区的“定心丸”

我的一位亲戚，在某个区级文化部门上班，几天前上门找我，要我帮他出出有关“结对”方面的好点子，以便给那些大妈们吃上一颗“定心丸”。据他介绍，他们单位与西门的一个社区结对已半年有余，一开始，场面搞得挺热闹的，社区的大门口还拉了红幅、挂了铜字招牌什么的。从社区那些大妈们的脸上可以看到，因政府部门为走群众路线而攀亲结缘所带来的喜悦。然而弄了一两次敲锣打鼓的活动后，笑容的背后，便是另一张不甚满足的脸孔。

很显然，大妈们管的是琐碎事，邻里纠纷、婆媳吵架、老人走失、停水停电以及道路的卫生、绿化等，以为与政府部门结了对认了亲，着手处理这些琐碎事似乎也多了一层依靠，“群众利益无小事”嘛，碰个难题不易解决的，打个电话给结对的部门，肯定会得到支持。这就产生了小小的矛盾。

说实在的，大妈们虽然知道政府部门的日常职能是什么，却并不清楚对这些政府部门而言，“结对”所体现的其实只是锦上添花般的功利。就因为存在功利，所以它最大的特点是报喜不报忧。即使小到给一位孤寡老人送了两斤大米，社区开联欢会等，结对部门都十分乐意参与。一旦牵涉社区与其他管理部门的矛盾，比如因道路经常开挖埋设各类管路，过后的路面修复问题总是一拖再拖，这样的事若想请一个区级的结对部门出面催促解决，显然是心有余而力不足的。结果可想而知，就因为存在许多的不可能，所以大妈们到了某个特定时刻就会用嘀咕的方式来埋怨所谓的“结对”。

据这位亲戚说，近期他的部门打算牵头出资，要在社区开设宣传栏，旨在学习党的“十八大”报告精神，与群众走得更近些。为此单位还召开了一次专题讨论会，会上众人发言踊跃，点子多多，列举的样板也不少。除了免费张贴一份当日报纸，其他内容则由社区布置。至于还要做些其他什么有意义的事情，一时也没个统一意见。大家总觉得，类似这类结对的事，尽管借鉴一下也不碍事，照样画葫芦也能画出不同的色彩来，但步人后尘的活儿难免会因缺乏新意而渐显疲软。不过有个小方案似乎可行，即在结对部门内部设立社区热线以供社区居民拨打，诉说周边每分每秒均在发生的鸡毛蒜皮之事。

听他说完，我就笑了。我说这方案看似热心到家，实是小轿车跑运输，不合算。届时多少精力投进去也仅是泛起几朵小浪花而已。倘若应付不了，反而增添了人们对“结对”的目的带来疑问，比如形式主义、形象工程之类什么的。文化部门属于机关，既不是慈善家，也不是法官，更不是呼前唤后的媒体狗仔队，况且上级政府早就设有各类机构来解决这个城市的疑难病症。既然目的是贴近群众，就不应去片面追求什么创意。凡是涉及群众利益的，有利于和谐社会发展的，持之以恒地去做才是关键，倘若失去这个前提，再好的创意也是作秀而已。

至于建议，我也提不出什么高深的。但既然已经结对，那么在这个问题上，政府部门如何做出自己的特色，我个人想法，至少要做到两点，一是多角度地去体察社区居民生活状态，少一些假大空的标语口号；二是结合当前社区文明建设，定期组织一些为百姓喜闻乐见的文化活动，两者结合，才能碰擦出“结对”的火花。又如设立一个社区信箱，作为情感上的缓冲地带，凡重要的有意义的来信，均可有个明确的态度，或实地回访，或来信转交新闻媒体，以利于问题的解决。我觉得面对群众，归根结底还是脚踏实地少些花头，大概也只有这样，才能让大妈们那颗定心丸发生长效。

» 五水共治不止是“治水”

现阶段，浙江省委从问题导向出发，以民生利益入手，抓住了污水、洪水、涝水、供水和节水五个要点，花大心思，用大气力，全省上下展开了一场“五水共治”的回归自然生态活动。

“日出江花红胜火，春来江水绿如蓝。”浙江当属十足的鱼米之乡，境内江河纵横，鱼肥蟹美。想当年，大禹在这里治过水，西施在这里浣过纱，诗王在这里筑过堤，苏轼在这里泛过舟。只是到了二十一世纪的今天，却面临着“山不再秀，水不再清”、“江南水乡口渴了”、“旅游局长，有人喊你游泳了”等的尴尬和困境，不得不让人扼腕叹息，发人深省。

古往今来，人类对大自然的认识和改造从未停止。而治水，则在很长一段时间内成为中国古代君民共同关注的头等大事。如今随着人类科学技术的进步，可以灵活地调度、管理和使用各类水资源，但同时也面临着新的治水难题。治水，必须熟悉“水性”。水是流动的，流动赋予了水之不竭的生命力。“刀不磨会锈，水不流会臭。”这是常识。而大量的水汇集在一起又不流动，就会造成内涝，美丽水乡则成为荒芜沼泽。治污水、排涝水就是要让水流动起来，展现出水的灵动本性。相反，若水流动过速，无约束无引导，就会恣肆无忌，成为洪灾。若用水无节制，恣意浪费，过度使用水资源，则必然造成用水紧张。防洪水、保供水、抓节水就是要控制水流的“度”，合理科学地把握好水的习性，免受水灾，更是要水为我所用，循环使用，科学利用，从而优化我们的生存环境和发展环境。

五水共治，成功之道在于“共”。抓住水的流动性这个根本，就是体现“共”的妙意。同时，这个“共”字，还须体现在治水的过程中，各地上下联运，不推诿，不扯皮。现在许多地方实行了“河长制、段长制”，在看好自己责任田的同时，让管理也流动起来。

五水共治不是终极目标，是浙江人民在致力于解决最迫切、最基本民生问题上的一次势在必行的行动。良好的生态环境，是人类生存的基础。而五水共治，治的既是“水”事，也是“人”事。水生木，水生财。水不仅是自然资源，更是一种精神资源。“关关雎鸠，在河之洲”，临水而歌，思水而叹，有水的地方总是不乏美好事物和心情。

上善若水，水利万物而不争，五水共治需要这样的无私和包容，需要各级政府最大限度地为百姓谋福祉。

» 插队

上周港媒曝出国人在日本大规模插队买手机，场面失控引发日方出动警察维持秩序的新闻被相继转载，谴责声一片。近年来，此类跨境之不文明现象屡屡发生，大多声讨一阵后，又是雨后春笋。试想，在国内，插队早已是常态、是习惯、被放纵，又如何能奢求跨出国门就改变本性，老实排队。

之所以要排队，无非是资源有限，一时间人又太多，为了避免一哄而散，大家自发的有序地排成一队，先来后到。这个队伍时而有形，时而无形，其根本就是事物内在的规律和秩序，它是社会公平稳定的保障，是天地阴阳和谐的基础。

一般来说，这种队伍会比较“长”，一个挨着一个，无须讲什么技巧。但我们经常看到有些队伍不长，但很“粗”，大家争先恐后往前挤，什么技巧都用遍了。明的，一次买票、一趟购物、不屑排队、开车夹塞，人多的地方就会出现各种插队现象，往往引来身后人的谩骂，带来的却是更多人的插队。暗的，一场考学、一次升迁，托关系、走后门，跑官要官、跑部钱进，说到底，都是插队惹的祸。

国人喜欢别出心裁，喜欢打破常规，喜欢见缝插针。当在大部分人都老实排队的时候，就有后来者按捺不住，蠢蠢欲动。而其伎俩也各有千秋，最直观的就是赤裸裸地以肉相搏，厚着脸皮直接往前插，很多冲突暴力事件就是由此引起的；稍高层次的不屑于这些小打小闹了，往往通过拉关系、送红包，暗中直接搞定规则制定者，见效快又掩人耳目。插的队多了，一次得逞，两次胜利，就更加肆意妄为了。最后，反倒是那些勤勤恳恳、老老实实的排队者好似吃了亏，成了傻瓜。于是，不愿意做傻瓜的越来越多，排队的越来越少，社会秩序就一团乱了。

关于中国人为什么不愿意排队，很多西方国家将其归结为国民素质问题，其实并不完全如此。深究起来，其根源与中华民族的发展历程有很大关系。在遭受了几千年的封建统治，几百年的内忧外患后，加上中国国情本就是人多资源少，使斯大林的“落后就要挨打”理论恰中人心。人们千方百计往前赶，不想被落在最后，深怕自己就是被挨打的那一个。只是在如何不落后的途径上，选择的不是自强则强，不是按部就班，而是投机取巧。只因其投入少，见效快，成功率高。同时，由于缺乏监督和制约，那些插队者总能得益而先行，总能肆意妄为。殊不知，群众的眼睛是雪亮的，何为排队，何为插队，自然一目了然，铭鉴于心。为了一己之私，破坏了他人的利益，破坏了事物本身的规律秩序，破坏了社会公平公正，看似得到了，其实只是拔苗助长，归根结底害了自己。

所幸的是，在如今民主、文明、平等、公正的社会主义核心价值观的感召下，大部分人还是懂得排队，插队的毕竟是小部分。为防止恶风蔓延，既要依靠决策者在规则制定上严格遵循公平公正的原则，因地制宜、周全完善，让企图投机者无缝可钻、无队可插，也要依靠社会大众广泛监督，既以身作则，以己律人，让插队者犹如过街老鼠，无处遁形，从而用正能量营造社会正风气。当然，还需要通过学习、教育、宣传等手段，让平等守序的理念内化于心，不断提升个体的道德水平和文明素养。外塑正气，内提素质，外建规矩，内有自律，相辅相成，把插队恶习扼杀在萌芽中。

《说文》中说："插，刺内也"，早日拔掉中华文明中插队这根"刺"，会让中国梦更美更香。

» 另一种雾霾

近年来，国内多地雾霾严重，如何净化空气环境成了全社会共同关注的话题。有人说，雾霾属于天灾，如同地震、海啸，人类是很难抵抗的。其实，站在当今社会，天灾人祸一词，已几本形成因果关系。所谓天灾，有许多正是由于人类膨胀的欲望造成的。也就是说，眼前这灰蒙蒙的天气，恰是人类自身内心的雾霾造成的。这年头儿，人心浮躁，几乎每个人都在做着急功近利之事，在利益驱使之下，自然环境的平衡就被打破了。而且，在我们的工作与生活中，还有一种雾霾，一直隐现在我们的身边，并未引起人们的重视，这便是官员的精神雾霾。

何为官员精神雾霾，简言之，就是精神不振，思路不清，意志不坚。其症状一般为迷惘、纠结、灰暗、郁闷、浮躁等，严重的则思想颓废，以至于看不清方向，找不到目标，把不准舵盘，最终失去了是非黑白的辨别能力。雾和霾虽为一词，却有着很大的不同，最主要的一点就是出现雾时空气潮湿，而出现霾时空气则相对干燥，两者挤在一起，则成了危害人类安全与健康的灰暗。精神雾霾也有类似状况，精神上的雾正如绵绵春雨，带来哀愁和忧郁，使人怯弱、疲乏、迷茫；而精神上的霾正如三伏天气，催生烦闷和焦躁，使人狂躁、浮夸、冲动。《尔雅》里提到“风而雨土为霾”，霾来时疾风暴雨，泥沙俱下。霾也通“埋”，深藏也，《九歌·国殇》曰：霾两轮兮絷四马。精神雾霾隐藏在内心深处，不容易被发现，潜伏期长，且时刻都处在变化之中，由内而外悄然地腐蚀人，虚化人的精神世界。正因为它看不见摸不着，如一些可怕的慢性病，发作时间长，一经发现往往已病入膏肓，较难治愈。

大千世界五光十色，诱惑陷阱何其多也，正如一张无形的巨网，十面“霾”伏，若心不正，体内附上雾霾，则行必有失，终至德亏身毁。尤其是领导干部，手握权力，最容易成为腐化的重点对象。如果自身操守不严，信念摇摆，那么距染上精神雾霾也就为期不远了，到时候就像患上“结膜炎”，黑白不分，是非难明。人便游离于灰色地带，出现选择性视觉障碍，对群众的疾苦视而不见，对不正之风睁一只眼闭一只眼，关注的是自身的利益，死死守着自己的一亩三分地。有的还会得“红眼病”，热衷于追名逐利，攀龙附凤，落井下石。精神雾霾会严重损耗干部的精气神，失去干事创业的锐气和激情，得过且过，迷上“享乐主义”、“奢靡之风”，销毁骨立，如同行尸走肉。吸收的精神雾霾多了，渐渐沉积，会麻痹神经和意志，使干部失去对不良现象的判断力和抵抗力。雾霾还会四处蔓延，造成一个团队或某个领域同流合污，沆瀣一气，其结果是更大范围的乌烟瘴气。

我们知道，驱除雾霾最简单有效的方法就是吹风和降雨。扫除精神雾霾，还内心明净，也要吹吹风、降降雨。精神雾霾隐藏了很多人性的弱点，透现出内心阴暗和虚弱的一面，要有勇气和正气去直面它，静坐常思己过，才能及早发觉和准确辨识精神雾霾。而清风正气就如一阵强劲的东风，可直击灵魂深处，将郁结在那里的精神雾霾一扫而光，让人神清气爽。不过，目前这种雾霾似乎已呈根深蒂固状，不能仅靠一阵风，一场雨，不然，风雨过后，又会卷土重来，必须出台一系列政策法规，用法治的角度去约束去震慑。如此，才能将雾霾从精神世界彻底驱除出去。

» 7的纠结

近日，国家统计局发布宏观经济数据，2015年上半年我国GDP同比增长7%，加上一季度的7%，上半年我国经济保7成功。

针对这个近乎完美的阿拉伯数字，一些国外分析师却另有话说。他们指出，高于预期的GDP增长数据是为了安抚投资者，并不能反映真实经济的表现。但国人英雄气短,认为这是嫉妒,是有意唱衰中国。从学术的角度讲，表示各种质疑并没有不妥，人家只要是以科学严谨的态度做些针对性分析并质疑，崛起的中国就应该以宽容与理性的姿态来接受。

其实，在新一届政府的引领下，各地已经有意识地下调了今年GDP增长预期，个别地方干脆不再提具体目标，在此大背景下，国家无须也不会刻意追求数字的完美。是7，而不是6.98或者7.02，不增不减，不偏不倚，是多少就是多少。完美数字背后，并非巧合到不真实，恰恰是政府对经济运行良好的强大自信。换句话说，如果刻意避嫌而将数字略微调小或提高，在技术操作上并非完全不可实现。但政府没有这么做，而是选择有一说一，实事求是。

真正对GDP数据有困惑的无疑是我们的广大民众。他们很难将GDP数据同发生在自己身上或身边人的经济情况联系起来。大多数人并不清楚，GDP作为表征国民经济运行情况的一个重要指标，有自己完整的核算方式，但正如其他统计数据一样，GDP也存在局限性，不可能一丝不落地反映国民经济运行的方方面面，更何况公民个体情况也存在千差万别。我们常说，知者不惑，但面对宏观经济数据我们时常感到一头雾水。虽然相关部门发布经济数据时也会作出相对详细的解读，然而对平民百姓来讲，由于缺少必要的经济理论知识，对经济问题的感知往往来源于给定的经验性结论和自身简单的生活体验，因此对数据的困惑也就在所难免。

数据的真实性、合理性和针对性不足也会引发困惑。一些与公众切身感受不符的数据不断刺激神经，长此以往，容易形成条件反射，即不管什么数据一经公布，就会习惯性受到质疑。在以往的统计数据中，居民人均可支配收入、住房拥有率、年工资、年终奖这些直接关系个人经济水平和幸福感的指数不止一次被“平均了”：“张家有财一千万，九个邻居穷光蛋，平均起来算一算，个个都是张百万”。甚至出现各省面积总和小于全国面积，各省GDP加起来大于全国GDP等明显不合常理之事，有些离谱的数据更是在挑战公众的基本智商，公众的质疑声也自然就此起彼伏了。

对统计数据的困惑不是一天造成的，也不会一下子就消除。事实上，我们除了对数据习惯性质疑外，很少有人对各类统计数据去做深入思考，有时在还不知道数据发布源头的时候就轻易下结论，也很少考虑中国庞大人口和复杂国情背景下，提供一组能真正体现公民经济条件的数据难度有多大。因此，相关部门亟须解决切实提高统计工作水平，以更加开放的思维，综合运用大数据、互联网等新手段，让冰冷的数据释放出更多有效的信息，并以更接地气的方式传递给公众，以真实可靠的数据换来公众的认可和信任。

饭可以吃八分饱，数据统计却要十分的准确才好。如此，7的纠结才能解开。

» 知识贬值和人格贬值

常见街头那些流动书摊，摆着无外乎盗版的东西竭力叫卖，五元一本，十元一套，仿佛菜市场里卖菜一样，并且将内容上可以撩拨人的诸如《金瓶梅》之类放到醒目处，以求行人止步作重点浏览。尽管《金瓶梅》具有一定的文学批评价值，但买卖双方一般是将其当作“黄货”来交易的。前不久媒体还报道了某地一位大妈论斤卖书，其吆喝的声腔和持秤的模样，倒已将知识真的纳入了小商品的范畴。

知识的贬值已毋庸置疑。别说一本书，就是一个大学毕业生学无所用奔波街头的现象也已见多不怪。但更令人痛心的是人格的贬值。那种以营利为目的的行为实是以剥夺知识产权、损害他人与自己人格为代价的。更有甚者，一如某些名人，声誉似陈年废铁，好不容易出了一本书，巴不得希望市场上出现盗版，以便拿起法律武器打一场提高知名度的官司；二如某些刊物，长年无人问津浪费纸张，便挖空心思做些出跳与出格的动作，或歪曲真理，混淆视听，将读者当作傻子来教训，将理应“黑白”故意来个“套彩”，以图引人注目招揽生意。至于个别贴着“人类工程师”商标的教师，存心在“祖国花朵”身上捞一把的做法，则已经不属于人格贬值的范畴，而纯粹是一种堕落行为，因为“未来”将在这种人的手里断送。

我已分不清当今知识的概念，所谓的知识理应对人类世界有一种推动作用，即使是娱乐的，也起码存在寓教于乐的味道。但现实不是这样的，为了金钱这个万众一心向往的东西，不惜将人类独有的思维产品化作商品来推销的大有人在。知识是抽象的，它可以通过商品的途径而传播，但知识又是独立的，是不以金钱而存在的。因此，知识贬值则意味着人类精神的退步，而人格贬值意味着人类今后将花更大的力气来弥补残缺，寻归正道。

» 平等相待农民工

说起农民工，不少城里人对其是又爱又恨。当今社会，人们几乎都有一种都市生活之向往，而农民工的存在现状，让某些拥有城市户口者产生身份优越的同时，却又为城市的环境、交通、公共休闲场所等各种固有的秩序被扰乱而忧虑，甚至仇视和排斥。换个角度讲，农民工因为教育、经济等种种因素的制约，其文化水平、文明修养乃至法律意识难免参差不齐，加上候鸟式的迁徙，总是让他们缺乏归属感，城市管理也确实由此带来一定压力。

《春秋谷梁传》有记："古者有四民。有士民，有商民，有农民，有工民。"农民本是职业，工人也是职业。但从农民到农民工，再从农民工到工人，即便是最简单的称谓改变，也能折射出社会和人心的平等公正。城里人和农民工，双方生活在同一城市，你住公寓楼，我租棚户区；你有社保医保后顾无忧，我若生病失业则深陷泥潭。农民工，在一个特定的时期，成为一种带有烙印的身份，被披上贫贱低俗的外衣。

多年来，针对农民工的优惠政策与措施也出台了不少，包括为他们建学校、办培训等，通过社会和自身的努力，这个群体正经历转型发展，越来越多的农民工有了更高的人生目标。有人学了技术，回家创业，致富一方；有人精钻手艺，成了本行业中的佼佼者。而这些进步或者生存状态的改变，显然让部分本身就竞争力不足的城里人有了危机感。

但是，从公民身份的角度讲，目前对农民工的改善和促进，也仅局限在治标不治本的阶段。解决农民工问题，靠的不是同情，不是强制，更非“送温暖”什么的一时照顾，应该是由心而发的平等。平等的目光，平等的态度，平等的环境。而今年新户籍政策的出台，让漂泊在城市的1亿农民工有了盼头。户口落地，为的是促进人心落地。让农民工逐步建立起家的归属感，让广大市民提升安居乐业的安全感。硬件融入不难，关键更要身心融入。一个巴掌拍不响，既要有国家层面的政策支持，也要有地方区域的因地制宜；既要依靠农民工的主动融入，自我提升，真正树立起主人翁意识，还要依靠广大市民转变理念，用包容的心态、平等的理念去真诚地接受身边的兄弟姐妹。

» 试衣间试出了什么

不足2分钟的视频，不足2平方米的空间，2个容颜姣好的青春男女，上演了一出引爆网络的年度激情大戏。事件持续发酵，各路人马纷纷登场亮相，一场更大规模的演出正在更大的舞台自我编导。正所谓试衣间里小试身手，试衣间外各显神通，小小试衣间，试出百态人生。

率先登场的是一群老朋友，我们都很熟悉，曾经也或多或少成为其中一员，对了，他们就是看客先生。鲁迅先生在《药》里曾经这样形容他们：“领颈都伸得很长，仿佛许多鸭，被无形的手捏住了似的，向上提着”。现在的看客们学会了与时俱进，早非吴下阿蒙，大都有了先进的通信设备和较高的文化素养，也不需莅临现场观摩，他们大部分是这样的，“领颈都向下垂着，仿佛许多鸵鸟，被地下的沙子吸引，耷拉着脑袋”，他们如饥似渴、不知疲倦地在微信、微博、QQ等网络媒介上点击浏览，齐心协力在2个小时内将点击量破亿，大半夜的，想想都挺壮观。

看客们数量庞大，且十分敬业，通宵达旦在网络里漫无目的地游荡，一有新鲜资讯就蜂拥而上，喜欢做一个安静的欣赏者，不愿意也懒得发言评论。最多就是在优衣库前面拍个照，伪造当事人的微信，测量试衣间的面积，虽然无聊得很，倒也无害。但也有些所谓的高级看客是不甘于平静的，喜欢“仗义执言、不平则鸣”，姑且称为怀疑家，或者是阴谋论者。这些人总能透过现象看“本质”，一上来就是怀疑，最喜欢拉上大公司、名人、政府机关，只要是能制造出舆论噪声的就是最合适的讨伐对象。不论什么事件，从不去探究事实真相，即便知道也大多选择罔顾歪曲，擅长利用破碎孤立的事实，编造似是而非的理由和依据。视频里，就因为试衣间外面的广播中传来“亲爱的顾客您好，欢迎光临优衣库三里屯店铺”，就开始说是优衣库营销炒作。他们一般没有原则观点，最大的原则就是跟主流声音对着来，你说东他说西，你说一他说二，且大都言之凿凿，一副语不惊人死不休的模样。这些人，你说他不负责任，他们不求回报、自带干粮，就为所谓的“正义”和“真相”，但他们过度情绪化的表达往往夹着散播不实消息，传导负面情绪等不良行为，理应受到合理限制和约束。

随着国家大力整治网络违法行为，净化网络环境，一批直接的人身攻击、人肉搜索已经偃旗息鼓，但隐藏在人们心中的戾气和躁动一触即发，一有机会，就会在公众的求知欲和好奇心驱动与掩盖下爆发。在视频公布后，除了无端怀疑优衣库营销炒作，由于对当事人身份的好奇，一些网民发起了“人肉”当事人的行动，这种行为可以理解却无法让人接受，每一个人都有用任何形式记录自己私密生活体验的权利，无论是文字、照片、声音还是视频。且不说尚无证据显示是当事人在该事件中扮演何种角色，目前来说也可能是受害者，即便是主动传播视频，其过错责罚也应由相应机关作出合适的判罚，不能任由网民毫无成本，毫无节制的人肉。在万民狂欢的背后，是公民个人权利的渺小和脆弱。提高网络行为成本，保护公民个人合法权利，改善网络生态环境势在必行。

以铜为镜,可以正衣冠，以心为镜，可以正言行。试衣间不仅能试衣服尺寸、样式，更能试出国民心态和素质，面对试衣间事件，我们都应该照一照心镜，扪心问一句，自己是否已经言行得体?

茶与人生

» 朋友

前段时间看了电影《了不起的盖茨比》，颇有感触。挥金如土的盖茨比死后，那些曾经受他盛情款待的所谓“朋友”转眼间消失得无影无踪，对他们来说，盖茨比只是他们纵情享乐的埋单者，并不比一个路人重要多少。

人类社会，大至国家小到个体，都要有伙伴与你相互扶持，取长补短。人也只有在与他人交往中才能体现出存在的价值。《论语·季氏》中曰：“益者三友，损者三友。友直、友谅、友多闻，益矣；友便辟、友善柔、友便佞，损矣”。

生活中，我们会认识很多人，见面可打个招呼，也能闲谈一番，但这并不是朋友，充其量只能算是熟人。有的人看上去认识很多人，走到哪儿都能呼朋引类，风光无限，实则是别人对他或有所求，或有所图，或有所畏，不得已做出的姿态。有些人对谁都“自来熟”，初次见面就奉上名片留下电话，没事还“互粉”一下；有的是“无事不登三宝殿”，一见面就嘘寒问暖，旁人见了还以为是多年故交；有的刻意巴结，图的是能捞点好处，捞到了称兄道弟，捞不到就立马掉转身子，奔向下一个目标，绝不做片刻停留。

真正的朋友远非认识那么简单。要成为真正的朋友，离不开两大要素：一是彼此尊重。尊重别人和获得尊重同样重要。真正的朋友不会计较身份地位、收入财富的差别，看重的是人格的平等。二是彼此交心。交心的朋友更加注重精神上的支持和依靠，是心灵的碰撞与感知。莫逆于心，心照不宣，相视一笑，都是交心朋友间常有的心境。

“朋”是由左右两个“月”组成，真正的朋友经得起岁月的考验。“友”在甲骨文中是两只右手靠在一起，就像现在的朋友重逢，二人都伸出右手，紧紧相握，心心相惜。交友是一项技术活。这就跟工作与阅读一样。有的人的阅读是“来者不拒”，恨不能遍览天文地理、古今中外。做工作也是一样，任务一项接一项，摆的是长蛇阵，各路出击，追求的是点多面广。其实真正会读书的人，并不刻意追求通读群书，好的书只要一两本，细细品读，就一辈子受用。同样地，交友不需追求数量多少，层面高低，更要注重质量和效能，能够结交到可守望一生的知心朋友，仅此一个也就不枉此生了。

多交益友贤友，多交品德之友。朋友间交往的基础是高度认同的价值取向和平等的人格地位，是在追求健康情趣和兴趣爱好的过程中，达到自我提升。正确的交友观应该是，以人格魅力相吸引，以真诚维系感情，而非通过手中的职权、金钱、关系施加影响，如此才能结交到志同道合、心心相印的朋友，高贵的“友谊”两字才能与春秋同在。

» 劳动和运动

劳动、运动都是“动”，虽一字之差，但在如今的社会，前后两者的受欢迎程度却已形成天壤之别。

记得过去那个年代，人们大多会提前上班，扫地、擦桌子、烧水，先把办公室打理一番，几个人抢着干的场面也很平常。但是现在已经很少看到有这样爱劳动的人啦。这当然也有客观原因。以前生活条件落后，物质贫乏，生活用水得从井里打了再挑回来，脏衣服要拿到河边洗，为了改善伙食，后院、阳台再种点瓜果蔬菜什么的。因此，体力劳动是时刻贯穿在工作生活中的。不像现在水龙头一开一关，电饭锅、洗衣机几个按钮一按，什么就都水到渠成了。有条件的人家还雇上保姆，家务活什么的一切都由保姆代办。再看如今的许多年轻人，大都过惯了衣来伸手饭来张口的日子，不仅劳动的能力退化了，连劳动的意识也淡薄了，甚至一想到劳动，就觉得是累的，辛苦的，很排斥。这就不属于客观原因了。这样的人，在单位往往也是眼里没活儿，看到垃圾满了不会想到要去倒一下，客人来了也不知道主动沏个茶，工作上的事情，多跑几趟，就满腹牢骚，怨气冲天，觉得自己受了累；回到家里，也会为了洗衣烧饭的小小家务事，导致夫妻之间、婆媳之间相互埋怨、争吵甚至大打出手，影响家庭生活的和谐。

爱劳动的人确实少了，但是爱运动的并不少，反倒是增加。运动的观念是越来越深入人心了，即使是不爱劳动的人，不见得他不爱运动。君不见早晚社区或公园里，长跑或疾走的人总是接二连三，还有那些闹市的健身房，每日灯火辉煌，透过玻璃窗，都会看到一排排跑步机上挥汗如雨的运动者，还有做器械练，练瑜伽的，中式的，洋式的，跑得跳的好不热闹。这是好事，毕竟生命在于运动。

其实劳动和运动本来就是一脉相承的。运动起源于劳动，是劳动的艺术化、生活化的表现形式，各种运动方式不都是人们从劳动中逐渐演变、转化而来的吗？可既然如此，何不转变思维，返璞归真，把劳动看作一举两得的健康的生活方式呢？每天怀着愉悦的心情开心劳动，掸掸灰，防颈椎，扫扫地，练腰力，爬爬楼梯走走路，燃烧脂肪卡路里。这样一来，估计什么活儿都有人抢着干啦，哪里还有为一点劳动而推三阻四的人。

劳动与运动确实是“一字之差”，然而折射出的是“一念之差”，这“一念之差”体现的却是思维方式的迥异，甚至是精神境界的霄壤之别。若生活中、工作中，常常能够转变思维方式，跨越“一念”的鸿沟，是不是在行至水穷处，也能坐看云起时，也能豁然开朗了呢？

» 健身更需健心

有句话说“健康，富人的幸福，穷人的财富”。那么健身就是一种生活态度。看看现在商场货架上充斥着的各种健身用品，电视上轮番播放的健身活动，健身房里的灯火通明，感觉大家对健身似乎都很重视。但再看看各种生理、心理疾病的统计数字和时不时报道出来的精英“过劳死”事件，似乎又不是那么回事。那我们不禁要反思，是我们哪里出了问题?

问题是，健身更需健心。在大家热衷于各种健身活动的同时，“房奴”、“车奴”、“孩奴”们却依然“压力山大”。大家喊着“时间就是金钱、时间就是效益”，比着方方面面的年轻化，拼着“孩子不能输在起跑线上”的同时，我们的心理出现了疾患。而且这种心理疾患是健身无法抚慰的。只有当自己病倒或在听到、见到亲朋好友中有人生病或去世时才会触动，意识到一颗平常的健康心是多么的可贵。即便这样，通常由于惰性使然，好了伤疤忘了痛，很快又回到原来的生活方式，继续“寅吃卯粮”，回到“奴隶”生活。

养身先养心，神静身自正。古有“百病皆由心生”之说，心安定，则气顺血畅，百病消。祸莫大于不知足，咎莫大于欲得。对物质权力的过度追求，只会使自己心情浮躁，神不守舍，损害身心的健康。“为无为，事无事，味无味”，以无为的心态去作为，以无事的心态去做事，以恬淡的滋味为美味，是现代人健心的一剂良药。

»　“土汤圆”碰上“洋玫瑰”

今年的元宵节，恰逢西方情人节。当“汤圆”邂逅“玫瑰”，到底是水火难容，还是携手共进，竟也成了我辈的热门话题。

按理说，国人自然偏爱传统节日，望眼欲穿，盼的就是能够合家团聚，吃汤圆、赏花灯、闹元宵，其乐融融。然而，随着西方文化的不断渗透，洋节被当下越来越多的年轻人推崇和青睐。究其原因，洋节本身所体现的自由、个性、不羁等西方文化特色，恰恰迎合了现代年轻人“以我为中心”、“跟着感觉走”的思想理念。情人节图的就是享受两人世界的风花雪月，很多人因此不惜血本一掷千金，为的就是营造理想的浪漫氛围。这就给一些商家提供了生财之道，为吸人眼球抢得商机，他们铆足了劲，做广告、造声势，打着各类“爱”的旗号的项目可以说是不断翻新。再加上舆论媒体的“积极配合”，一时间，大众赶时髦、跟风也不足为奇了。

相比之下，传统的元宵节无论形式和内容，似乎都缺乏新意，在创意不断、充满活力的洋节面前还略显单调。当“土汤圆”在“洋玫瑰”面前节节败退之际，甚至有人觉得今年的元宵节是沾了情人节的光，才会被如此广泛关注。

任何节日，都有其文化渊源和象征意义。中国的元宵节是汉文帝为了庆祝平息“诸吕之乱”后的太平盛世而设的与民同乐日。而西方的情人节是为了纪念为情人做主而牺牲的瓦伦丁神父。一个讲求的是举国欢腾，普天同庆，另一个追求的是浪漫感情，私人定制。因此，与其说是双节PK，不如说是在井水不犯河水的氛围里各自彰显自我文化特色。元宵佳节，家家户户走上街头，与众同乐，互相祈祷，庆国家繁荣昌盛、人民安居乐业，这恰恰体现了儒家文化的仁爱、和谐之美德。从“独乐乐不如众乐乐”，到君子“不独亲其亲，不独子其子”，从“安得广厦千万间，大庇天下寒士尽开颜”到“先天下之忧而忧、后天下之乐而乐”，千百年来，这种“仁和”文化被不断继承和发扬。它体现的不仅是一种君子胸怀，一份社会责任，还是人与人之间更大范围内更高层次的情感分享和人间大爱。而所谓的个人情怀、女儿情长、小家安危等早已包含其中。时至今日，“和谐”、“友善”仍是我们社会主义核心价值观中的重要内容。

如此看来，过元宵节并非为了刻意追求形式上的一碗汤圆、几盏花灯，而是旨在通过习俗感召人们重温传统文化之美，一起愉悦地分享仁爱与和睦。其精髓之永恒，早已体现在寓意之中。只是在形式上未能与时俱进，所以难以带动年轻人的参与和认同，这就需要有识之士们多多挖掘传统风俗中的特色亮点，融入外来节日的构思创意，甚至不惜借鉴西化的“商业炒作”以求扩大影响。中西文化并非势如水火，不同节日可以彼此融合，多元文化也可以同台演绎，如此才能让节日永葆青春，让文化走向共同繁荣。

当元宵节遇上情人节，是陪家人，还是陪佳人？不如随心而来，随性而去，在二人世界、传统洗礼，或者中西合璧中选择自己想要的。

» 端午小议

端午佳节粽飘香。包粽子、划龙舟、挂艾叶、洒雄黄酒……国人以多姿多彩的形式，延续着两千多年的传统习惯。“端午”二字，最早见于晋人周处《风土记》：“仲夏端午，烹鹜角黍”。然而早在春秋之前,吴越之地的各部落们即有农历五月五龙舟竞渡,借此作图腾祭祀，寄寓着人们告别旧疾、迎接新生的美好愿望。从图腾祭祀，到后来的屈原、伍子胥，再到曹娥等，不同时代的故事传说赋予了端午节丰富的内涵和生命力，最终升华为一种世代相传、深入骨髓的美好情结。

只是到了现代，随着洋文化的不断涌入与渗透，以及现实利益的不断驱使，人们的目光尤其是年轻人则大多被商家刻意炒作的洋节吸引过去。相反,传统节日中所传递的信仰却被逐渐弱化,甚至遗忘在汉文化的某个角落里。6年前，当韩国的江陵端午祭“申遗”成功，国人的自尊心便被一下子触痛了。扪心自问，痛心疾首。本是同根生，为什么韩国端午祭搞得有声有色，而我们的端午节却沦落到只剩下一颗粽子？

传统节日的文化之传承，并不是一个世界文化遗产就能诠释的。屈原的以身殉国，伍子胥的千古忠魂，孝女曹娥的救父投江，每一个传说，每一种纪念，都是对中华民族所具有的爱国、忠诚、孝敬等传统美德的赞美和宣扬。千百年来，无数个这样的闪光和美好，被广为传诵，深入民心，成了中华民族最宝贵的精神财富，也构成了当前我国社会主义核心价值观的重要内容。

说到底，端午文化的传承，可非一颗粽子或一叶龙舟就能代表，它需要我们在传承的基础上与时俱进地丰富形式内涵，提升民俗文化的价值，符合并影响现代人的心理预期与价值诉求，从而吸引年轻人从外围的看热闹，到踊跃参与其中。这便需要每一个中国人自发地去学习和走进中华民族的历史，去了解传统节日的意义，主动成为传统精神和美德的继承者、践行者和弘扬者，倘若众人都能如此，节过起来才叫味。

时代在变迁，节日的形式在改变，人的生存理念也在改变，但只要其蕴含的精神实质不变，就能得以代代流传，并且不断丰富。这也正是一个国家、一个民族得以屹立不倒、繁荣发展的核心力所在。但凡民间风俗，归根结底都是精神和文化的自然流露。如果光有表面，而忘了热闹背后的意义所在，那么这样的节日被人家韩国抢注“非遗”标签，或者被我们这一代的年轻人所弃,也就谈不上什么可惜了。

» 圆梦中秋

八月十五中秋佳节，最惬意的莫过于全家围坐一堂，清风习习，皓月当空，笙歌弄影，对酒当歌，流连于嫦娥奔月的浪漫神话，感慨着“千里共婵娟”的千古名篇，品味着“小饼如嚼月，中有酥与饴”的月饼。任凭时代变迁，这样的过节方式一直是人们心中美好的寄托和不变的情结。

中秋节在古时是丰收祭月，团聚之日。“中秋”一词最早记载于《周礼》，早在《诗经》中，就有“如月之恒，如日之升”的咏唱。古人崇拜月亮的阴柔宁静，铸就了中华民族含而不露、温文尔雅的君子品性，儒家提倡的“温、良、恭、俭、让”五常正是对这种含蓄之美的重要诠释。中秋节又称仲秋节，团圆节。《唐书·太宗记》记载“八月十五中秋节”，举国欢庆，万民同乐，共度佳节，正式将中秋定为节日。农历八月正是“三秋恰半”时节，称为“仲秋”，而八月十五又在“仲秋”之中，象征三秋之正中，秋高气爽、谷物丰收，正是一年中的黄金分割点。由于这一天月亮与地球的距离最近，所以中秋赏月，就觉得月亮比平时更明亮清澈，是一年中最圆满的。而“圆”对中国人有着特殊的含义，其恰恰符合了中国传统文化中对于人生、事业、社会圆满的追求。因此，人们又赋予了中秋节“圆满”的美好寓意，成了人们心目中天时、地利、人和的 “团圆节”。

只是随着社会经济的不断发展，当天上月光被五光十色的霓虹灯所遮盖，当天伦之乐被奔波忙碌中的一通电话所替代时，所谓的团圆赏月也就逐渐流于形式。人们无暇回味节日蕴含的美好寓意，无暇顾及节日背后的精神文化。在物质、金钱、名利面前，传统中秋的境地正走向尴尬。甚至连象征团圆的月饼，也成了某些人升官发财的一月“铜臭”。“饼”外的精美包装，“馅”内的金碧辉煌，构成的“中秋月贿”文化令人瞠目结舌。月饼本是点心，点到心意。自古以来，合家团圆，分食月饼，是一种温馨的仪式。全家多少人，就分多少份，缺席的一份被保存起来，成了对在外游子的牵挂。小小月饼，寓意的是一个都不能少的圆满。有些人着眼于小家的亲人团圆，家庭和睦，安享天伦，狭隘于小团体的悲欢离合自怨自艾，还以为那就是节日的真正含义。殊不知，团圆是一种群体意识，不是个人独好。中秋节讲究的是一种全民同乐的大圆满，这样的圆满不限于某个家庭、某块地域，正如著名诗人艾青在诗歌《我的思念是圆的》中写的“八月中秋的月亮，也是最亮最圆的，无论山多高，海多宽，天涯海角都能看见它。”无论身处何地，在共同的月光下，人们相互感召，心心相印，共同祈盼家庭美满，国家强盛。这是一种文化认同、民族认同、天地认同的人间大爱，更是千百年来中华民族凝聚力的重要精神支柱。

中国古典哲学奉行“天人合一”的宇宙观，中秋之夜，月亮圆满，希望人间也圆满。只是圆满并非凭空臆想，海市蜃楼。阴阳学说认为天圆地方。地在天内，圆内有方，有了方的支撑，才有圆的完整。当今，每一位中国人的心中都有一个美好的梦想，那就是中华民族伟大复兴的中国梦。人们期盼着这个梦能像中秋的月亮一样，清澈明亮，早日圆满。偏偏月有阴晴圆缺，圆梦之路并非朝夕之间。中华民族的每一分子都是这个梦之“圆”的有力支撑，少则凹，弯则偏，都成不了圆。只有每个人从我做起，方方正正，全社会凝心聚力，同心同德，才能搭建起中华民族的大圆满。而继承和发扬中华民族的优良传统与文化精髓，将传统的文化精髓、当代的审美追求和现代的科学技术三者有效结合，让民族之节再放光彩，这本身就是圆梦中国的重要组成部分。

人生代代无穷已，江月年年望相似。又是一年中秋夜，月圆如故。只是，你的心中是否也在绘制另一轮圆满?

» 难得健康

有人说，健康是富人的幸福，穷人的财富。此话不假，却也难得。健康是一切之本，人若没有健康，一切皆成空谈，该尽的责任义务难以完成，理想抱负不能实现，更谈不上生命之意义了。看当今社会，商场货架上充斥着各种保健品，电视上轮番播放着养生讲座，健身房里的灯火通明，营造出一番人人讲健康，个个要长寿的炙热氛围。然而，再看看各种生理、心理疾病的统计数字和时不时报道出来的精英“过劳死”事件，似乎健康与我们又隔着一层迷雾。更何况，近年来许多与健康相违背的事件频频发生，苏丹红、毒奶粉、塑化剂、死猪漂浮事件等，无不刺激着一心奔健康的大众神经。在这危害人们身体健康的背后，折射出的恰恰是道德底线的溃败。为了个人利益，可以不择手段、丧心病狂地去捞取。此等行为，几乎已到了病入膏肓的地步。而站在健康的角度讲，即是以自己道德上的极度病态而给大众带来了身心不健康。

莫非是我们这个社会在对待健康的方式和态度上发生了问题？

防微杜渐的道理人人皆懂，但能知行合一却是很难。所谓健康，即包括身体健康与心理健康。自古以来，我国便有健康养生的传统，重视养形和养神相结合。养形，是指身体养生；养神，即心灵养生；养神乃养生之根本，养形乃养生之保障，二者相辅相成，我们才能真正享受美好的人生。古人的健康养生态度对身处现代社会的我们颇有借鉴意义。老子曰："为之于其未有也，治之其未乱也。"这句话对从政、经商适用，对大众健康亦适用。尽管在现实中，大家都知道健康很重要，也知道预防的重要性，但"房奴"、"车奴"、"孩奴"们"压力山大"，诸如"时间就是金钱、时间就是效益"的口号在人与人的竞争中此起彼伏。比着领导干部年轻化，拼着"孩子不能输在起跑线"，感觉自己还年轻，健康的事可以等一等。只有在自己病倒或在听到、见到亲朋好友中有人生病或去世时才会受到很大触动，意识到健康和生命的可贵。即便这样，通常由于惰性使然，好了伤疤忘了痛，很快又回到原来的生活方式，继续"子吃卯粮"，透支健康和生命。当然，这些还算是可以理解的，最可怕可恨的是那种为了满足个人利益或欲望而不惜代价去踩踏道德底线的卑劣行径，别说假冒伪劣的食品与药品这些挑动大众神经的事，即便是那种很少触犯众怒的醉酒驾车行为，稍不留神，就成了对自己或他人生命造成极度伤害的事件。

改革开放以来，社会高速发展，物资越发丰富，但由于处于转型期，许多人的价值观处于混乱状态，他们丢失了理想信仰，且在各种欲望与利益的驱使下，或急功近利，或正邪颠倒，难以保持一种平和宁静的心态去工作生活。古人有诗："终日奔忙只为饿，才得有食又思衣；置下绫罗身上穿，抬头又嫌房屋低。"所描绘的，恰好印证了现代人的浮躁心态。人在这样一种欲壑难填的状态下，必然会焦虑紧张，精神难以得到放松，更谈不上身心的安宁了。"祸莫大于不知足，咎莫大于欲得。"对物质权力的过度追求，只会使自己心情浮躁，神不守舍，损害身心健康。"为无为，事无事，味无味"，以无为的心态去作为，以无事的心态去做事，以恬淡的滋味为美味，少私寡欲，知足常乐，如此，也许是现代人保持健康的一剂良药。

» 运动是种生活艺术

运动不仅是一种健身方式，也是一种生活艺术。我们可以选择通过运动增强体质、增进健康，改善我们的工作和学习；也可以通过运动释放心中的压抑以及尘世的喧嚣，缓解负面或者消极的影响。

运动有助于培养人们勇敢顽强的性格、超越自我的品质、迎接挑战的意志和承担风险的能力，有助于培养竞争意识、协作精神和公平观念。如今，社区、公园、体育场所甚至单位内部等处打羽毛球的人多了；步行上下班、有意识爬楼梯的人多了；从事户外健身活动的人多了。在运动过程中，大家对强健体魄有了深刻认识，以往被视为纯粹个人行为的健身活动被赋予了新的意义，即强身健体，不仅是对个人的身体负责，对家庭负责，也是对社会的健康发展负责。

运动是种艺术，运动要把握好尺度。医学界认为，过度的肌肉运动会使身体产生大量酸性代谢物，容易导致身体疾病。古希腊哲学家亚里士多德说过：“运动太多和太少，同样的损伤体力；饮食过多与过少，同样的损伤健康；唯有适度可以产生、增进、保持体力和健康。”中国的重要哲学思想“中庸之道”也认为运动要适量、张弛有度，汉代名医华佗则以一句话概括之，“人体欲得劳动，但不当使其极尔。”意思是说，人体运动必须适量，不适量或过量，比不运动的情况更糟。

因此，选择好适合的运动项目和运动量非常关键，要讲究运动的方法和强度，根据自身的身体状况、爱好、居住地的环境、体育设施、工作性质、作息时间等因素，选择一个适合自己的运动计划，来指导自己的健身活动。

当你养成运动的习惯而又把握好运动的度后，运动就成了一种生活艺术的享受，生活将变得绚丽多彩。

» 麦饼和披萨

节日回老家，又吃上了母亲做的咸菜麦饼。老家的麦饼大而圆，半个便能顶得一顿饭，故有“吃麦饼、爬山岭”之说。但松脆可口，细细咀嚼，齿颊留香，是我等游子们最惦记的家乡美食。不过做孩子的兴致显然不如大人，而且还把它拿来与披萨作比较，认为披萨外观诱人，馅料更加丰富营养，符合现代人的要求。

从孩子们的眼光来看，披萨比麦饼要诱人得多。你看披萨的形制与外观，色味香直观呈现，一览无余，色彩鲜明，闪现着青春的气息，给人一种精致美食的感觉。而且，从风格上说，披萨无疑是奔放的，这似乎也应合了西方人的性格，一即一，二即二，不喜欢拐弯抹角。所以也难怪如此吸引年轻人的眼球。相比之下，麦饼倒是老成得多，甚至还有些粗俗。厚质而少光泽，确实不大引人注目。

对此，我自然无法认同。在我看来，它们倒是有着异曲同工之美，一个秀内，一个秀外，中西方都彰显了各自独特的文化。

麦饼的外表简单朴实，馅料含而不露，而且也可以演化得丰富多彩。咸的如梅菜、咸菜、萝卜丝等，甜的如豆沙、果仁、芝麻等，随着美食时尚普及，还可以有鸡鸭鱼虾之类的更高档次的选择。其实麦饼的风格，恰能体现中国传统文化中的含蓄之美，而且也只有在细细品尝时才能体会其美味。国人习惯于将含蓄贯穿于日常行为、思想表达和艺术审美上。以男女为例，在古代，女子要“行不露足，笑不露齿”。

“拟歌先敛，欲笑还颦”是称赞女人内敛、矜持的美。而男人的言谈举止则是推崇温文儒雅，包容有度。说话要含蓄，讲一个弦外之音；情感要含蓄，意不直叙，情不表露；交友也要含蓄，“君子之交淡如水”…… 在这里，含蓄是一种韵味，一种情趣，更是一种修养。

俗话说，一方水土养育一方人。饮食差异反映的是文化的差异，从而衍生出的生活方式甚至行为举止等一系列的差异。但中西文化也非截然对立，相反，在科技信息全球化的今天，多元文化的彼此借鉴与融合也许更适宜人类走向极高的文明境界。但愿我这想法在孩子们将来进入社会后，能得以领会与理解。

» 让OA更OK

某日逛书城，见一书架上竟盛着一卷卷竹简。秀气的字迹与浅黄的竹片倒还相配，内容也附古风，不出弟子规、三字经一类，但总觉得这些沉甸甸的书简空有其形，早已失却古时被阅读者珍藏的那般神气，不过是电子书时代，日渐式微的纸质书籍出版商借“复古之名”试图抢占一点微弱的市场份额罢了。

书商们绝望中的伎俩，更加映衬出电子时代的势不可挡。电子网络给我们的工作学习方式带来了翻天覆地的变化，不仅冷落了书店的门庭，也差不多清净了政府的大院。简称“OA”的办公自动化系统的建立，则让公职人员点点鼠标、敲敲键盘即能完成各种公文的流转与办理，无须再一间间办公室敲章盖印，不用再在政府大楼间进出奔波。OA系统自20世纪90年代引进后，经与中国的行政办公结构不断磨合适应，其方便、快捷、环保等特性，已逐渐成为各类机构的主要辅助办公方式。

但这场貌似波澜不惊的变革，绝不仅仅是让文件信息之类交流更简便，实则是改变了八小时内人与人的交流方式，改变了中国人传统的以“人”与“情”为主体的交流习惯。传统的行政方式中，因其充满了灵活性，繁文缛节甚多而规范性不够，再加上渗透着说不清道不明的人情往来，久为人们所诟病。自动化的办公体系通过客观理性的程序来规范文件发放传播途径，督促办文效率的提高，减少办公过程中人为力量的干涉因素。然而，面对面一起讨论工作的机会少了，屏对屏给予彼此数字化的指令多了，长时间工作下来，甚至不知道一起协作的同事多大年纪，长什么样子，有着什么样的性格。这样的办公方式让人感到怅然若失，觉得速度虽然快了，交流却少了，效率虽然高了，人情却淡了。

这似乎是一种矛盾，正如英文“OA”之缩写，O是一个完美的圆弧，可以代表中国传统文化中的外圆，体现着人们之间环环相扣、紧密相连的人际网络，其中包含着人类与生俱来对交流的渴望。而A是一个尖锐的三角形，代表着西方科技的锐意进取，就像一把双刃的利器，一方面能帮助人们扩展人际网络，另一方面又让人们之间的关系虚拟化、碎片化。但倘若避开A的利刃，若试图走回头路，找回以前的办公方式，就会变得和出版竹简书籍的书商一样可笑。

所以我总以为，在运用OA系统的过程中，要防范虚拟的网络在单位与单位、部门与部门和同事与同事之间的形成一道无形却难以穿越的屏障，就得开辟或创新更多的交流活动和方式，比如按排时间互相学习，开个碰头会互相交流工作方法等都是有效的沟通办法。提升到理论上说，也只有利用O的圆润与A的锋利相互磨合，使A的负面因素不断钝化，正面因素更加扩展与包容，这个OA即能变成融传统于一体的OK。

» 客来一杯茶

前不久，有幸在美术馆欣赏到正在展出的中华禅宗高僧之墨宝。大师们的艺术造诣，借助于笔墨技巧，让作品散发出世俗难觅的宁静和清新。其中一幅“客来一杯茶”最令人印象深刻。短短五个字，通俗平常。但细细品来，其富有哲理的意境，叫人豁然开朗。

孔子有言：“有朋自远方来，不亦乐乎？”中国是礼仪之邦，五千年传统文化熏陶出来的好客之道，讲的是礼貌待人、礼尚往来。所谓洒扫应对，是儒家启蒙教育、学习的基本内容之一。然待客之道也讲究发乎情、止乎礼，一旦过于讲究，或沉湎于此，便会走偏，甚至陷入腐败的迷途。

当下正倡导“四风”建设，虽然收效不错，但仍有个别官场人士在演绎酒桌文化，一味地计较排场，求刺激、重奢侈。但凡客至，追求规格和面子，待客的地点要风景秀丽、小桥流水；端出的菜肴要山珍海味、高档美酒，还有一套“吃点喝点不算事”的歪理。为客的也毫不客气，大快朵颐，几个黄段，几杯黄酒下去，原则、宗旨都抛到了九霄云外。殊不知，他们喝掉的是民脂民膏、百姓血汗，吃掉的是群众的信赖、党的形象。而最终等待他们的也将是严厉的处分和查办。

“客来正月九，庭进鹅黄柳。对坐细论文，烹茶香胜酒。”以茶敬客，以茶会友，是一种健康的情趣和雅好，是自古以来谦谦君子间的待客之道，更体现了千百年来礼仪之邦的文明和气度。家有来客，无论你后面的礼数如何周到，但进门先泡一杯茶，是最重要的。有了这杯茶，客人才坐得下。且看茶字，“人”行于“草”、“木”之间，寓意人与自然合二为一的悠然与惬意。茶是一种质朴、中和之物。唐代裴汶《茶述》中曰：“其性精清，其味淡洁，其用涤烦，其功致和。参百品而不混，越众饮而独高。”杯茶之间，虽身处闹市之间，可品山水之韵。相比之下，酒过烈、烟太呛，咖啡则伤胃。

感情的沟通靠的不是酒桌上的称兄道弟，而是心与心的交融相惜。弃酒从茶，回归简朴，卸去繁文缛节、表面华章，从觥筹交错到简单明了，从酒肉朋友到君子之交，这是一种提升自我、健康文明的转型和回归，也是百姓之福、社会之福。

笔者想，那位高僧正是自身有了这样的修为和领悟，才能如此随心而又不随意地写出“客来一杯茶”这五个字吧。只是，你品到了吗？

» 看《秘密花园》有感

《秘密花园》是一本简单的黑白画集，配上彩色画笔，读者可以任意挑选颜色为其着色，一番涂鸦下来，便能起到良好的减压效果。此书一出，让各类人群趋之若鹜，竟成畅销。

由此不禁让人想到中国传统文化中书法艺术的尴尬处境。同样是拿着笔在纸上涂涂画画，同样能起到良好的养生功能，它的路却越走越窄了。现在一说起练书法，人们的印象无外乎孩子们的课外辅导内容，或者老年大学的课程。在如今手机日新月异，微信传播恰在高潮之时，真正对待书法如《秘密花园》那般让人花心思去琢磨、花精力去把玩的，恐怕不多了。

站在养心的角度讲，练书法和填色画也是可以并提相论的。两种形式都具有很强的创作性和差异性，都是释放情感的一种方式。不同的笔调，不同的勾勒，哪怕是一丝细小的差别，便能形成完全不同的两幅作品，达到完全不同的艺术效果。同时在创作的过程中，都要精神饱满、凝神贯气、摒除杂念，调整好呼吸，将思想和心情都融入创作的意境之中。这可不是脱离现实生活寻找什么单纯的乐趣，实则是在现实生活中挤出空间，以达到舒缓心情、减少焦躁情绪、释放压力的效果。

若说最大的不同之处，书法创作的变化在于用笔的变化，提、按、转、接，隶、楷、行、草，各种变化虽有其必须遵循的规则，更有其千变万化的空间，充分体现了中国人所讲究的不易、变易和简易。《秘密花园》的变化在于色彩的变化，不同的色彩搭配，加强了作品的变化性和趣味性，讲求的是个体休闲的情趣。

《秘密花园》看似图形现成，操作单一，却着重于细小的一面，容易沉进去，不容易跳出来。相比之下，书法可非仅仅是笔墨的创作，更是一种文化底蕴的体现。一幅好的作品，用笔老到，对其所表达的内容更是有所要求，诗词歌赋、格言联语，都是体现情感的有效载体。书法创作可大可小，挥毫泼墨可以培养人的大气胸怀，蝇头小楷可以养成专注、细致的个性。从当下时髦的养生角度来看，可以说练字就是在练气功。要保持头正、肩松、身直、臂展、足安，执笔则要指实、掌虚、腕平、肘起，整个过程动静结合、刚柔相济、虚实相间。

中华传统文化的博大精深，可非一件时髦玩意儿可以相提并论的。但不可否认《秘密花园》的成功有着其必然的原因。首先是它的低门槛，无论有没有艺术基础，拿起笔就能画，不管画得好不好看，至少都能成画，而书法内涵丰富，有那么多字体，每种字体又有众多大师，一种字体学习下来，没几年练不好，更别说笔、墨、纸、砚都有很深的门道。其次在于其神秘性。《秘密花园》的创作，你没有完成最后一笔，就不知道最终的作品是怎样的。而书法作品讲究先构思再下笔，起笔的时候，脑子里已经有完整的图样了。同时大家耳濡目染，平时大师级的作品看得多了，一般的字都看不上眼，自己写得不好，也不好意思拿出来。此外，《秘密花园》还充分体现了快餐时代的便捷性，拿起笔就能画，画好后随时可以上网与朋友们分享乐趣，充分依托了社交媒体。而书法创作，先要准备好墨、笔、纸，完成后还得再整理好，相比来说繁杂多了。

无论是书法，还是《秘密花园》；无论是千年的文化积淀，还是一时的文化流行，都是一种传统休闲的乐趣，只要我们从手机屏幕里解放出来，回归自然和本真，拥有更健康的情绪与生活，才是应有之道。

» 茶与人生

我喜欢茶，也喜欢在品茶中议论人生。而茶成之于土，经过水的洗涤，最终复归于土，正如人的一生。

你泡了一壶茶，在茶叶与水交融的一瞬间，茶的生命就开始了。每一壶茶，前几道总是浓中带苦，苦中带涩。然几道水下去，就有了香味。此时的茶甘美可口，沁人肺腑，给你带来了无穷的回味。久之，茶淡了，茶味也淡了，茶叶归于平静，然而此时的茶水，其淡淡的余香余味，却是真正喝茶者所追寻的。

人生亦如茶。年少时，暴虎冯河，闯事业、拼家庭，凡事莫不想争个高低论个成败。与之而来的挫折、彷徨、迷失，其间莫不蕴含一个“苦”字。到了中年，经过数年的经营积累，人生到达高峰，有家有业，有名有望，莫不蕴含一个“香”字。随着年龄的增长，功名利禄已成浮云，世态炎凉已界身外，一份淡泊，一份宁静恬然于生活，莫不蕴含一个“淡”字。

孔子有曰:“君子有三戒:少之时，血气未定，戒之在色;及其壮也，血气方刚，戒之在斗:及其老也，血气既衰，戒之在得。”将孔老夫子的话当作一壶茶而细细品来，其实世间万物万法皆出于此理。学习是如此，初学时总是步履艰难，需要坚持不懈，耐得住苦味。入门后，就会乐此不疲，开始享受其中的乐趣和成就感。熟悉了之后，又会归于平淡，迷恋度不再如前，也就是在这时，才算是真正学会了，才会在生活中、工作中，在不经意间灵活运用学到的知识和技能。

事业亦是。创业时的艰难，要熟悉行业的运作规律、技术、管理规律，要适应市场，适应文化，要靠创业改变身份，提高地位，积累财富，其中苦味无穷。上轨道后，扩大生产，影响业界，控制市场，其中香得其乐。发展到一定的程度后，便着眼长远发展，着眼文化影响，着眼回馈社会，其中淡却深有其味。

感情也是。人与人交往，相识之初，要熟悉、要了解、要磨合，相互之间总有些不适应，不理解，于是或忍或让，或争或抢，其中隐着不少苦。之后，对方的脾气习惯都熟悉了，于是可心往一处想，劲往一处使，可主动补台，配合起来相得益彰，正是交往的蜜月期。时间久了，君子之交淡如水，而那些真正的朋友，相互之间可能没有那么多火花，那么多激情，没有密切的交流，但你总是觉得他们离你不远，当你遇到困难的时候，意想不到的帮助往往出自他们。

“识得此中滋味，觅得无上清凉”。我想，茶之所以能称为“道”，正是因为她代表着人世间万事万物的普遍规律:不同的茶有着不同的品质特征，正如不同的人，有着各自不同的特性。不同的茶叶与水的混合比例，会有不同味道的茶水，就像人在不同的环境下，会有不同的成长际遇一样。泡茶时，茶顺着水势不断飘舞，不断融合，正印证传统文化中“道法自然”。茶壶好比硬功夫，茶水如同软实力，软硬结合，才能品出上等之茶……如此种种。茶在水的浸泡中，释放着自己的灵魂，也叙述着自己的生命。“茶之为用，为饮，最宜精行俭德之人”，陆羽的《茶经》一语点明:品茶不仅可以陶冶情操，更能修身养性，涤洗心灵，在清香与隽永的茶味水中品其味，更品其魂，并在喝茶的当下，完成自我身心的升华。

茶如人生，人生亦如茶。

» 秋雨西湖

杏花春雨江南，这是上了名诗之榜的，固然很是有味。然而西湖秋雨，也很缠绵地让人生出许多思想的韵味。人说秋日多寂寥，我言秋日胜春朝。只要你拥有一份阳光的心境。眼前便有美妙的意境。这时，无论是身处西湖某一处景致，或想起某一个人，记起某一段情，即便渐渐地已从喧嚣中淡忘，慢慢地已在记忆中尘封，听着这样的雨声，内心总会生出绵绵不断的思绪，一如这一笼烟雨，悠然悠长。

这时节，秋正浓，我便喜欢独自一人登上湖边的某个小楼，凭栏伫立，细细看雨，静静听雨。想想花开花落，品品岁随水流，人间悲欢离合皆飘零。又如这年复一年的青葱红枫，历久弥新。

我在北方待过，北方的秋雨是铺天盖地，呼啸而至的，而江南的秋雨则是斜风细雨，飘然而至的。而在西湖，那份超然的雨声，悠然的雨滴，更是让人思绪万千，遐想良久。有时，我也喜欢打着伞站在湖岸边，伫立于烟柳笼纱中，任思绪飘荡在空蒙而又清澈的景致里，忘记了自我，有的是灵动奇幻，是希望和忧愁，是诗，是画，是禅……似乎心灵已融入西湖的秋水里。

雨中的西湖，有着抽象朦胧的诗意美，晴雨不如雨湖，这是欣赏西湖这一自然山水画的最好时机。远山笼罩薄雾中，层林尽染，朦胧缥缈。宝石山，玉皇山，南屏山，环抱着西湖，像母亲温暖的呵护，又像爱人温柔的相拥，显出浓情甜蜜。湖光山色相互映衬，雨滴洒落湖面，更增添了水的灵动，也衬托了山的秀美。都说是“秋风秋雨愁煞人”，而岁在今朝，国泰民安，这时，我的心中倒有了几分秋风秋雨喜煞人的感觉袭上心头。都说春雨贵如油，而经历干渴酷热的夏天之后，秋雨也是金，雨漫天际，洒向人间，更让人有普降甘霖的感受。

雨中的保俶塔更显古朴而庄严肃穆，与之相对的雷峰塔，雨中飘荡的晨钟暮鼓，照样悠扬。“钧天九奏箫韶乐，未抵虚檐泻雨声”，古人则把雨声看得如此庄重美幻。而雨景够显奇妙，看那湖面，腾升起紫烟雾霭，娉娉袅袅，轻盈而柔美，微风吹皱一池湖水，波光粼粼。湖心小岛，如同散落的碧玉，隐现在烟波浩渺中的楼台亭榭，透着古色古香古之幽情，让人柔柔地生出许多的遐想。

湖雨秋灯一夜风，剑胆琴心千般意。漫步秋雨西湖，我不免为满地的桂雨而生出一番惆怅，在感叹生命的轮回和生活的局促中，也为游人不管秋将老，来往满陇踏乱花而嗟叹。走在苏堤、白堤、杨公堤上，我不只在领略旖旎的自然风光，更觉得墨香和书卷气也在细雨中飘忽而来。默诵当年文豪名士吟咏西湖的名句，细细品味碑刻的遒劲沧桑，探访千年不衰的石窟造像，或是品味古楼上的一盏香炉、一个瓦罐、一卷书画……这一切，都在雨中融入心田。在这样的秋雨时分，在忘情中不知不觉流逝，一份稠稠的心绪，蜜蜜的意绪，在不经意中，也融入这山水人文的灵魂里了。

» 茶香处处

在杭州工作的日子算是久的，有时会在傍晚时分忙里偷闲到西湖边坐坐，喝上一杯清茶，放松一下心情。西湖有很多环境清幽的茶庄，近的虎跑、灵隐寺、龙井村、茅家埠水乡，远的有清凉峰、九溪十八涧等。一年四季，喝茶的去处也不同，花红柳绿的时候在哪儿喝，赏桂的季节在哪儿喝，飘雪的日子在哪儿喝，都有个讲究法。我呢，最喜欢在烟雨朦胧的四月，去探寻一家竹林掩映下青砖瓦背的茶舍，周边深深浅浅的桃花，小桥、流水，浮游的鸭子，如诗如画。山中这样的去处不少，居住的多是茶农，全家以茶为生。茶舍正在制作新茶，茶香四溢;一陇陇茶树里，几个姑娘斗笠背篓地忙着采茶，远远望去，恰是“梅下红衣玉蕊怜，一池春水一池烟”。坐在院子里，沏一杯清茶，耳边传来潺潺溪流、虫鸣鸟叫，以专注、凝定而又从容、空灵的心情去品尝一杯芳香四溢的茶，任心灵放逐，遁入那清净深远的境界中，便可以悟透人生的悲与欢、离与合、成与败、得与失……

在杭州喝茶，或是在江南喝茶，大抵是这样的，人与环境融为一体，呼吸着清新的泥土芳香，任思绪漫天飞舞，身体则物化为一花一草。后来去了一次厦门，大概也是因为一个茶字，就十分喜欢那里。

厦门与江浙一带的喝茶却截然不同。厦门人总是随意沉浸在功夫茶的泡饮里，家家户户都备有典雅的茶具，配以饮水机、茶几，一应俱全。以茶待客的风气极盛，不管喝不喝，先泡茶再说。厦门的闽南功夫茶在程序上很有讲究，每一个步骤配上形象生动的名字，洗杯称“白鹤沐浴”，冲茶叫“悬壶高冲”，倒茶名“关公巡城”等。不仅泡茶讲究，喝茶也讲究，小小的一杯，轻轻捻在手上，顿生一种珍稀呵护的感觉，调动五官，“鉴尝汤色”，“品啜甘霖”。这样喝茶真是别有情趣。

初到厦门，接待的人与我并不相熟。主人十分热情。一阵寒暄，便坐下来开始烧水泡茶。喝的是武夷山红茶正山小种，汤色红浓，滋味醇厚甘爽，几杯过后，齿颊留香，喉底回甘，心旷神怡，一路的风尘仆仆顿时削减了一大半，在这泡茶、喝茶的功夫里，天南地北地闲聊着，陌生和局促也消失了。这位友人还擅长做茶配，这是我第一次知道喝茶还可有茶配，也就是茶食，饮茶以话梅、馅饼、酥糖之类的点心相左，边饮边吃，其乐融融，少了份清幽和禅意，多了份情谊和热闹。一聊竟聊到夜深，真可谓“茶”逢知己千杯少。

厦门人走到哪里，便把茶具和饮茶的习惯带到哪里。在各地的厦门会馆，厦门人开的店铺，都会看到功夫茶的器具，更会热情地邀你坐下饮一杯功夫茶。我也由此喜欢上了厦门，爱上了那浓情开朗的功夫茶。

作为土生土长的南方人，第一次去北京的感受也是深刻的。北京气候干燥，喉咙干疼，我竟是一夜未眠。于是第二天就有了去茶馆喝茶“疗伤”的念头。在北京前门，我找到了著名的“老舍茶馆”。茶厅里的陈设京味十足，一盏盏宫灯，一排排黑漆木制的八仙桌，典雅的花格木窗，古色古香的小戏台，墙壁上悬挂的书画楹联，各种摆设所透出的浓浓老北京味，对我这个南方人来说都是极新鲜醒耳目的。那一回，我点上碗盖茶，细细品呷，一晚上欣赏了《沙家浜》的铿锵高亢与“京韵大鼓”的韵律，浓浓的京华情，淡淡的书卷味，以茶为媒，让我体味了老北京文化，比影视剧真实，比书本真切。

古人说，读万卷书，行万里路。我觉得还得加上一句，品万盏茶。人若没有茶境、茶心、茶悟和茶友，没有茶的人生，怎么算得上完整？喝茶可修身怡情，使人心境明亮，可容花木，可去杂音;以茶相会的情谊更懂“一期一会”的珍惜；茶文化的内涵是中国文化内涵的外化，透过茶，更能体会和了解处处茶香的中华文化之博大精深。

» 名茶出名山

我独爱喝茶，和谐、平静和淡雅的茶文化本来就是我们对待生活的基本精神。天下之大，能以区区一片叶子而牵动众人之心的，莫过于茶。如今，在旅游和玩乐中，如陆羽所说“宁可三餐少酒食，不可一日无茶饮”的人儿越来越多了。在茶都杭州，人们就时常结伴去喝茶，很认“龙井一杯远胜酒，扫除人间万般愁”这个理儿。众人爱茶的那份清新的颜色、清纯的姿色、清苦的特色、清心的本色。友人共品一杯好茶，盛享万缕春意，感怀天地灵气，感恩南方嘉木，让人有着留不住一个春天，拴不住一片春光，但可以留住一杯春色的一份诗意！而好茶总与好山水相容相存，佳茗常和好风光相依相伴。

“从来佳茗似佳人”。如同绝代佳人西施、貂婵无不出自民间草舍，来自田畴江湖一样，好茶如龙井、狮峰、旗枪、毛峰也无不与好山水一脉相承。“龙井茶叶虎跑水”，这是上了名堂的。好水配好茶，才是上品绝品之配。《茶经》曰：“十分茶遇八分水，茶亦八分也；八分茶遇十分水，茶亦十分也”。钟毓之水沏出香郁之茶，正是因为山水的锦绣，茶叶吸日月之精华，纳山川之灵气，才有那秀色可餐、香郁诱人。西湖正宗的龙井茶产地，群山逶迤，古树葱茏，水木清华，这样的环境，才是茶中之王的安卧之地，那“十八棵御茶”正是在静静地诠释着这一层意味呢。黄山以“四奇”著称天下，山奇泉碧，风华绝代，而“黄山毛峰”、“庐山云雾”正是藏之名山，无纤尘之染，有寂静之气，名冠天下，自在情理之中。“碧螺春”产自太湖之畔，云水泱泱，湖阔漫漫，香气郁郁，碧绿幽幽，那好茶自然声名远播。

巍巍武夷山，盛产“大红袍”，秀丽江湖里，自有“铁观音”。井冈山群峰屹立，碧绿千里，使“井冈山的茶叶甜又香”。浙江各地，山清水秀，多产好茶。在采茶时节，才时而有那自豪的《采茶舞曲》“插秧插得喜洋洋，采茶采得心花放”的歌声从山头上飘散。普陀山为著名的佛教胜地，一种青茶称为“佛茶”，它的形状近似蝌蚪，色泽翠绿，又被人称为“凤尾茶”。天台山盛产“天台云雾”，陆羽《茶经》中有记载，明代屠隆《茶笺》一书中也有描述。这种云雾茶细紧弯曲，芽壮毫显，色泽翠绿，香高味醇。“千山烟霭中，万象鸿蒙里”，与名山一并声名远播的茶叶还有不少，如莫干黄芽、敬亭绿雪、天目青顶、九华毛峰、峨眉峨蕊等。茶因名山而远扬，山因名茶而增色。

龙芽雀舌，茶中妙品，这山中灵秀之物，往往都与好山水相伴相生。茶文化往往与旅游业相系相连，那份意味和意境，便显得高雅和高深了。茶的涉及面很广，“社交圈”甚大，常常与自然景观密不可分，与旅游业紧密相关。茶是媒介，茶是载体，我们去名山大川、风景名胜中品茶，那乡里的趣味，山野的别致，自然的风光，民间的传说，往往会达到淡雅和静的意境。我们在品茶时，在游山玩水中，既可领略到历史的沉厚积淀，又能欣赏到民俗的风情，让人深觉大有深意，大有趣味！

» 闲走楠溪江

车子行驶在永嘉境内，道路与江并行，曲折绵延。有冬日阳光相伴，心情任意放牧。偷得半日闲，想去山里走走，看看乡间的自然景色。车外山水富诗意，眼前风光如画境。一路上我多次下车伫立，只觉得满目的清新。镜头对在哪里，哪里就是一幅意境深远的山水画。

因为同属括苍山脉，所以这里也有着类似北雁的山貌。时有山峰摩天劈地、直插云霄。在感慨大自然鬼斧神工之时，那随处可见的奇岩怪石，也可以让你发挥一下想象力，展开奇思妙想的旅程。清澈的楠溪江就流淌在巍峨的峰峦之间，溪鱼在色彩斑驳的山石草木倒影间悠游。上游漂下的竹筏上，传来游客们的笑声，笑声和着潺潺水流，在静谧的山间回响。初冬时节，山体呈现出绚丽夺目的色彩，一片片的嫩绿、深绿、墨绿，一簇簇的鹅黄、浅黄、深黄，让点缀其间的浅红或深红显得格外醒目。

几缕阳光几多云，光和影的合作，腾升起紫烟雾霭，在山间流转。走向纵深，风景更加幻化迷人，让人不禁想起了仙人隐士。清代僧人释心愿在《白龙洞闲咏》中写道：“石屋凌空任往返，袈裟高挂自清闲。洞天今古无宾主，云主半间我半间。”与云为伴，那是何等超逸。难怪西汉宣帝时期的道士傅隐遥，三国时的道士王玄贞，南朝梁武帝时期的陶弘景等贤士接踵而至，隐居于楠溪附近的青嶂山、乌石山、大若岩等山间。也正是如此，山川之美，使人得以韬光养晦，沉淀心灵，连我这样的凡人也是如此神清气爽，竟无半点尘世烦恼杂念。

车子经过一个村庄，但见路边是三三两两的摊点。乡民将自种的玉米、番薯和各种水果摆放出来，吸引游客驻足留步。山里人的生活可说是悠然自得，闲坐交谈的，“手”谈人生的，一张张笑脸，如绽放的芙蓉花一样热闹，像熟透的柿子一样红艳，让人心生羡慕。那现烤的麦饼，则勾起我们的食欲，摇下车窗，香气扑面而来。摊主很热情，问了口味后，把那刚出炉的大饼娴熟地切成小块，送到我们手上。开胃的咸菜，虾皮和肉的鲜美，实在是齿颊留香，百食而不厌。

看着时间尚早，不如顺道探访大若岩陶公洞。我们的车慢慢行驶在乡间，一路行一路问。一位大姐，在告知我们方向后，问可否载她同去。自然没有二话，邀她上车。一路上，她主动做起向导来，热心介绍楠溪江的风土人情。末了，我递给她一张50元的钞票，算是“导游费”，哪知她急了。“要说钱，应当是我给你们呢！”说完，一溜烟似的走了。

三百里楠溪江，逶迤曲折，一路上潺潺水流，叠叠云岚，层层烟树，隐隐古村，如桃源仙境，美得让人目不暇接。而在这秀美山水滋养下的人们，又是那么的淳朴、善良。风景的美让人震撼，人的美，更让人难忘。

» 彩虹

夏日的傍晚，乌云密布，但一阵疾风骤雨伴随骇人的电闪雷鸣过后，阳光重现云端。此时的天边是一抹晚霞，大地被照得通红绚烂，就连空气也被雨水洗得明净而清新，吸引人们纷纷从家里走出来透气。

“彩虹!”有人惊喜地喊了起来。大家都不约而同朝他手指的方向望去。果然，一架巨大的半圆形彩虹桥，气势雄伟地横跨天际，五彩缤纷，蔚为壮观。院子里顿时热闹起来，小孩子们快活地奔走相告“看哪，彩虹”，年轻人连忙掏出手机拍照，上传到网络上分享。我停下脚步欣赏，心也跟着欢快起来，说起来还真的好久没有见过彩虹了，这景象仿佛打开了尘封已久的美好记忆的闸门，快乐的思绪汩汩流动。一位年轻妈妈显然比我激动得多，甚至比她身边那个四五岁大的小孩还高兴，对着小孩再三说，看清楚了吗，彩虹就是这样的，然后又兴奋地对旁人说:“总算让孩子看到彩虹了，每次教他画彩虹时，我心里多么想让他能看一看天空中真实的彩虹，而不是我告诉他的红、橙、黄、绿……不是亲眼所见，怎能体会这样梦幻壮观的美呢，这么多年，总算是看见了。”说完，露出一脸的欣慰。

这一席话，霎时凝固了我原本欢乐流动的情绪，颇有些不是滋味。风雨过后便会有彩虹，歌里是这么唱的，这在我们小时候确实不是什么稀罕的事情，一个夏天，时常能在雨后的天空中看见彩虹，运气好的话，还能看到两道、三道虹，而如今却变得这么稀少。

专家解释说，彩虹的减少，与空气质量的下降有密不可分。人的生活水平提高了，生活中有多少美好的事物正像彩虹一样，渐渐淡出我们的视野，甚至消失在我们的生活中呢？湛蓝的天空越来越少，满天繁星难得一见，高楼大厦取代了森林田野，资源的过度消耗，环境的日益恶化，以至于每20分钟，地球上就有一个物种灭绝。这些年，国家一直在倡导“科学发展观”，说到底也就是要追求人与自然和谐发展。但有前提，即官员的政绩观须转型，要从单纯追求眼前发展，只求速度不计成本与效益，甚至以牺牲生态环境和人类生存为代价的政绩观转变为可持续发展的政绩观。在发展经济的同时，得考虑环境、资源和生态的承受能力。当然，除了政府的职责，亦与我们每个人息息相关，正如今年“六·五”世界环境日中国主题“同呼吸　共奋斗”所传递的信念一样，建设美丽中国人人共享、人人有责。在同一片蓝天下生活的每一个公民，不仅要有环保意识，更要担当环保的责任，尊重自然，顺应自然。如此一来，才会带来社会的稳固发展，才能够经受得住现实的检验，科学的检验和子孙后代的检验。

面对难得一见的风雨彩虹，无论是谁，是官员还是百姓，是否要好好想一想，我们的行为给社会带来了什么？能给下一代留下什么？是多姿多彩的和谐世界，还是百科全书上极尽所能却仍苍白无力的描述？

» 家燕

故乡的房子好久没过来住了。初春时节，天还未亮，窗外清新的空气伴随旷野里的虫鸣鸟叫，早早地遣散了我的睡意。这是一种既熟悉又陌生的感觉。我就静静地躺着，侧耳倾听，心里平静祥和。此时又传来一阵子熟悉的鸟叫声，时而欢快，时而温婉，亲切如久违的乡语，或是童年记忆的回音。是燕子。我不禁欢喜起来。春天到了，它们也回家了。

刚跨入老家的门槛时，我曾特意看了一下屋檐下的燕子窝。棕黄色的泥土和枯黄草茎显得有些陈旧，同这栋老房子一样的沧桑，巢外架着蜘蛛网，一只黑色的小蜘蛛忠诚地守卫着，等待老朋友的归来。燕子的到来，让这老房子也顿时热闹起来。或许此刻那对燕子正商量着如何修整爱巢，探讨着如何重振家风呢。南宋词人史达祖的《双双燕·咏燕》中，一句“还相雕梁藻井，又软语商量不定”，表达的恰恰是这样的意境。而我就这样与它们不期而遇了，悄悄地享受着倾听老朋友谈话的乐趣。

燕子最与人亲近，也因此很受人们喜欢和保护。只有它能把巢筑在房梁上，成为家的一分子。小时候我很淘气，老爱爬到树上掏鸟窝，但我从不去碰燕子窝，否则必遭斥责。因为好奇，有时候搬来梯子上去看两眼，也会招来大人们的一番忠告。在乡人的眼中，家有燕子筑巢，就意味幸福祥和，所以屋檐下的燕巢就如同春联或年画，是家家户户一种少不了的吉祥物。受此影响，我喜欢燕子胜过其他鸟儿。我喜欢它矫健的身形，飘然而至的敏捷灵活，更喜欢它特有的魅力和品格。 总觉得燕子有些神秘。相传它们于春天社日北来，秋天社日南归，所以每年秋风乍起，燕子便成群结队不辞辛劳地又要迁徙。看着它们离去，总是让我生出许多遐想来，它们飞往的地方究竟是怎样的，温暖胜过江南吗？在遥远的路途中，又会遇到些什么挫折呢？它亲近凡尘，却有着大隐隐于市的脱俗，从不受人的控制。那笼子里的夜莺和画眉，它们一展歌喉，只为赢得主人的欢心；还有鹦鹉笨拙的学舌讨巧，或者麻雀之类的小鸟儿为一点鸟食而走进人们布设的陷阱……但你见过关在笼子里的燕子吗？没有。它们以生命的代价保持自己的身躯和精神独立自由，翱翔于广阔的天空，春来秋去自由洒脱，不会为你重复着单调的乐曲，更不会为你驻足停留。它们的欢快叫声，恰似侠客的萧笛鸣奏，潇洒俊逸。

小时候听大人说，燕子们无论如何迁徙，总能认得自己的家。今年你看到的一双燕子，必然是去年离去的那一对。“旧时王谢堂前燕，飞入寻常百姓家。”虽然沧海桑田，昔日的繁华鼎盛，已成今日的荒凉萧索，但栖息在王谢权门高大厅堂的檐檩之上的还是那只旧燕，任凭世易时移，燕子的忠诚不变。它们飞则相随，雌雄颉颃，也因此成为爱情的象征。燕子的爱情，可不是鸳鸯的徒有虚名，它们比肩翱翔于高空，一路的迁徙必定经历了狂风暴雨、电闪雷鸣以及猛禽的追杀，安全抵家后又开始一起修筑巢穴，繁衍后代，生命在矢志不渝的相伴中周而复始。听，它们此刻的呢喃，是不是正在相互安抚劳顿的心灵，分享旅途的经验和畅谈未来生活的构想？还有什么比这样的爱情更浪漫呢？

天已亮，我起身穿衣，循声去探望。朝霞洒在一对燕子身上，墨色羽毛闪闪熠熠。它们相互致意，轻盈地掠过，消失在天际。勤劳的燕子已经开始忙碌着衔泥筑巢了，可以想象，不久以后，一巢雏鸟探头探脑，吱吱欢腾，显出无限生机。可惜我不能继续陪伴，也将启程远离故乡去奔波忙碌。在水泥钢筋的城市丛林里，看不到可爱的燕子，就让这呢喃燕语停驻在我的心中，滋润困倦的心灵吧。

» 远去的白云

过去一年，“雾霾”二字是国民议论最为频繁的词汇之一。但见大江南北雾霾肆虐，此起彼伏，不断刷新“历史纪录”。开窗眺望，俨然是一派“千里朦胧，万里尘飘”的景象，天地浑浊灰暗，分辨不出界限，茫茫尘雾中楼宇若隐若现。有人开玩笑说，这也是一种海市蜃楼，只可惜带给人的是恐惧，没有美感。

想起《九歌·云中君》描写云神的诗句：“浴兰汤兮沐芳，华采衣兮若英。灵连蜷兮既留，烂昭昭兮未央。蹇将憺兮寿宫，与日月兮齐光……”诗中的云神坐云团之悠哉，立云团之游哉，何等舒畅。而如今，就连这云神殿，想必早被雾霾重重锁住，哪里还有往日绚丽光彩，恐怕那云神也在“思白云兮太息，极劳心兮忡忡”。

此刻，我亦随着云神的叹息怀念起儿时的蓝天白云。碧空万里，白云悠悠。这些常见的、平凡的白云，很少有人会为它惊叹或欢呼，我却不知怎地总被它的神秘、奇幻深深吸引。幻想能在云间行走，何其自由惬意。有时候，长空万里只浮现一两朵白莲，有时却连绵成片如微风荡漾开的鳞波，或是一泻千里的飞瀑；有时洁白如玉，一团团像是飘浮在空中的棉花糖，想要轻轻舔上一口；有时却镶着金边或银边华光闪耀，或如晚妆新晕脸边霞……云是柔和的，悠悠飘荡在一望无际的天空，飘逸恬静，自由潇洒。

唐代诗僧皎然《溪云》中曰：舒卷意何穷，萦流复带空。有形不累物，无迹去随风。诗将云的禅意刻画的淋漓尽致，云卷云舒变化无穷，它既能相随流水，又能飘飞长空，多么自由、潇洒。在挥洒它自身的自由时，从未妨碍他物，白云飘过，山仍旧水依旧，它自由中满是谦和不争，不自傲、不自矜。当微风将它带走，不留下一丝痕迹，宠辱不惊、去留无意。

然而，无形的美却常常被人忽视，人们生活在有形的世界里，追逐的也都是有形的东西，甚至把名和利也要有形化，最终以房子的大小，钞票的多少，官位的高低，排名的前后去衡量比较，局限在有限的眼光与情怀里，不仅如此，肆无忌惮地索取和掠夺，渐渐把白云变成雾霾，并最终迷失其中。

憭兮栗兮，以郁怫兮，思念白云，肠如结兮……

» 九寨的夏

都说“九寨归来不看水”，再看山水就会有“除却巫山不是云”的失落感叹。我则还想加上一句“九寨归来不写景”。九寨沟的水，若少了李白梦中的“生花妙笔”，恐怕是难以展现其神美之韵的。我自知笔拙，不敢贸然起笔，然彼之美景又时常萦绕脑际，只觉得不吐不快也。

夏日的九寨沟，海天一色的蓝构成了她摄人心魄的底色，郁葱的树木连同那潺潺水流和一泻千里的水瀑，联袂泼就了一幅清新脱俗而又明艳动人的画卷。身处画中，目及所处，心便在陶醉中发出折服般的赞叹。其水千姿百态，或调皮活泼，于碎石间跳跃着，激起洁白的水花，或气势恢宏，如千军万马奔腾而下，跌落谷中珠玉纷飞。你沿着栈道前行，却觉水声渐弱，呈现眼前的是“静如处子”的镜湖，睡美人一般甜稳沉眠，令人不忍惊扰，就连阳光和风也是小心翼翼地蹑足来去，拂过湖面，如金珠落盘，闪闪熠熠。心，就这样随波或雀跃，又转而安宁平静。

九寨之水，美在清澈，美在变幻，更美在色彩斑斓。钙化的海子如蓝宝石一般镶嵌，层峦叠嶂倒映水中，水底植物清晰可见。阳光之下，染翠浸紫，镶金泛红。听当地藏民说，更美的色彩还在秋季，那时岸边的树林呈现火红、金黄、翠绿的绚丽缤纷色彩，水中倒映，宛若仙境的五彩斑斓，让人生出无限遐想。

夜幕降临，游人渐渐散去，谷壑显得深幽寂静，褪去的霞光中，旌幡在风中飘飘荡荡，白墙绿瓦的藏民寨子亮起星星点点的灯火。我们就住在其中一户藏民家里。主人备好的晚餐颇具丰味，牦牛肉、高山菜，还有甘冽怡口的青稞酒。交谈中，也了解了藏羌人更多的生活细节，他们辛勤劳作，旅游旺季起早贪黑接待游客，淡季时正是气候条件最为恶劣的时候，牛羊没有草料，需要进山放牧，采摘名贵药材出售，一次进山需备三个月的干粮，其艰辛不言而喻。但从他们温暖的笑容和真诚热情的言语之间，所感受到的是他们发自内心的幸福感，是对于大自然馈赠的感激。

夜深虫鸣，清风摇曳舒爽怡人。星汉灿烂，皓月当空。我们已经多久没有看到这样的星空了。是我们生活的城市脚步太快，或人生攫取的心太盛，甚至沉浸于利益得失的追逐，因而星空竟也朦胧？再看看他们，虽然游客日复一日带着城市的喧嚣、浮躁来到这里，却没能打破他们的平和。依傍着灵山圣水，他们诠释着仙境中温馨而单纯的藏家生活。在莽莽古蕃故地，任随时光轮回，天堂部落纤尘不染，逸韵流转。

» 五彩田塘

题记：有人说，在通向温州解放的路上，浙南地区每一个山村就有一名烈士的英魂。这些红色的山村，除了有我们熟知的平阳三门、永嘉五尺等，距离温州市区最近的鹿城岙底乡的田塘头，无疑是一个引人注目的红色重地，而且也是近几年渐成气候的一个突出的红色旅游点。八角帽、三面红旗、镰刀斧头，革命征程历历在目，革命情怀油然而生。前不久，在几位友人的陪同下，我几乎零距离地接触了田塘头，内心感慨不已。我想，对生活在优越条件下的现代人而言，倘若认真地将整个红色行程走下来，对浙南的革命历史必定会有了一个更深层更直观的认识，同时也能借助红色旅游，感受淳朴的民风与山区的自然风光。

田塘头，鹿城区岙底乡的一个山区小村，如果作单纯的旅游，并非热门之选，但这里却是誉满浙南的红色之地。在半个世纪之前，在那国难当头的岁月里，田塘头军民碧血丹心，气壮山河，在血与火的考验中，先后为新中国诞生而捐躯的就有39位英烈。他们所谱写的惊心动魄的浙南人民战争史，可名列鹿城区之首。2000年，这里被列为第二批文物保护单位。在游览田塘头的过程中，我们可以重温这段可歌可泣的历史。

名闻浙南的田塘头革命遗址坐落在岩雅山麓，鹿城区最西边，整个村落面积四平方公里，仅占中国版图的千万分之一。但恰恰是这么一个不起眼儿的村落，当年曾拥有中国革命武装斗争史上一支山区武装队伍。在艰苦的革命岁月里，在浙南特委的领导下，战斗在浙南一带，为革命立下不朽的功勋。

田塘头革命纪念园投资95万元，于2004年建成。纪念园处在南山岗上。从脚下的村落出发，沿山道拾级而上，映入眼帘的是花园式的祭奠公墓，纪念园占地两千余亩，呈四方形，主要由纪念碑、花坛、水池、亭廊等组成，是一个融浙南山区风情及其他纪念设施为一体的文化旅游纪念园区。高大的花岗岩纪念碑就矗立在花园的中央，象征着为共和国捐躯的烈士精神永放光芒。纪念碑的左后方立着32位在战斗中的光荣牺牲的烈士英名录，上面刻着的每一个名字，都让我们肃然起敬，并带上淡淡的哀思。

纪念碑于2004年8月1日落成揭幕。高6.5米，宽1米，正面镶嵌着刘赐荣同志亲笔题写的“田塘头革命纪念碑”八个大字。底座为四角台座，宽约1.7米，嵌着介绍不朽历史功勋的墓志铭。既有历史纪念意义，又是碑雕艺术的精品。

春风轻抚的田塘头革命老区，一派寂静。置身革命烈士陵园，我们感到一种难以言语的震撼。春风拂面，杜鹃盛开。当地群众说，那朵朵鲜红欲滴的杜鹃，正是牺牲的红军战士的鲜血化作的一颗颗红星。是啊，为了一种理想，为了一个信念，红军战士们用鲜血和生命在浙南大地上书写出了悲壮的一页，留下了一段荡气回肠的千古悲歌。今天，那段历史虽然已经远去，但英雄史诗的主角们，越发鲜活地活在人们心间。

站在矗立着墓碑的山头，可以俯瞰整个村落。山路弯弯，云飘雾锁。群山环抱之间，住着全村239户人家。田塘头革命遗址近年来接待了不少游客，许多人都会在此驻足观瞻。每到清明时节，来这祭奠的人们更是络绎不绝。田塘头村已成了名副其实的爱国主要教育基地。

走出陵园，西面不远处，是一座占地面积有1000多平方米的革命陈列馆，里边陈列着当年革命斗争的实物及图文说明。巨幅的油彩壁画逼真地描绘出了当年英烈们的精神风貌。仿佛他们就站在你的面前，向你讲述当年那一场又一场惨烈的战斗故事。没有长江和黄河的奔流汹涌，没有泰山和黄山的气势磅礴，但这里却是妇孺皆知的“二战”、“抗战”、“解放战争”三个时期的红色根据地，是中国共产党在浙南长期坚持斗争的革命基本地区之一。有着漫长艰难、可歌可泣的革命战斗历史。

1927年，红军开始在田塘头一带活动，从1928年起，田塘头便成了浙南特委、永嘉县委和武装部队隐蔽休整的所在地，并持续到1949年。1928年春天，中共永嘉县委派陈文杰、李振声等人到田塘头村开展革命工作。并在杨候王殿召开会议，建立第一个革命根据地，组建红军游击中队。后分别被编为“浙南红军第一独立团补充营某连”和“中国工农红军第十三军一团三营八连”。活动范围涉及白脚坳、东坑、西坑。附近乡民纷纷响应，积极参加革命，仅一年多时间，就先后有80多人加入中国共产党，90多人参加红军游击队，一时间，偏僻的山村红旗招展，红军队伍不断壮大。

当年的山脚处，男女老幼从四面八方涌上，向红军将士送上一杯杯茶水、一顶顶斗笠，企盼着亲人一路平安，早日归来。今日我们站在这里，遥想当年的艰难与光荣，她是浙南人民革命斗争史中的一个重要篇章，鲜血染红的一页。

田塘头革命遗址是浙南人民革命斗争中的一面红旗，更是温州人民的光荣和骄傲。为了纪念他们的光辉业绩，发扬他们的革命精神，中国鹿城区区委人民政府决定为之建立纪念雕像。

健在的几位老人已是八九十岁了。他们受到各级党政领导和人民群众的尊敬和照顾，过着幸福的晚年生活，并且不时参加对青少年的革命传统教育活动。墓碑落成揭幕的那天，有不少当年的老战士前来参加典礼，他们噙着泪水，凝望着那一个个熟悉的名字，追忆着当年的战斗情景。

自1930年至1950年温州解放，在二十年间的漫长岁月里，国名党派兵屡次进攻田塘头，拟一举“剿灭”红军连。但田塘头军民丝毫没有惧怕，面对进山扫荡的敌人，红军战士们用石头砖块砸，用大刀木棒拼。他们还想出许多克敌制胜的战术与敌人周旋。他们在进村的路口设置路障，并用竹篾编成缆索，一端捆在几株大树上，另一端缚住用树木做成的压排，上面垒上大石块，如遇敌人进村，哨兵即用大刀砍断缆索，压排上的石块便滚滚而下。此举屡试不爽。而村里的百姓则帮红军装沙袋，垒筑防御工事，演绎了亲密无间、鲜红欲滴的军民鱼水情。

在纪念馆，工作人员讲述了一个鲜为人知的故事：1930年6月26日是田塘头军民与敌方正面交锋的第一战。当时我方装备很差，武器大多是大刀、棒头枪之类。当天中午，数百敌兵悄然进入田塘头山脚，被守卫在那里的战士郑宗灶、郑周锡和王庆三发现，在来不及回村报告的情况下，三人只能挺身而出。郑宗灶用大刀砍断前一层压排的缆索，压排上的石块像山崩了一样一块块滚向敌兵，顷刻间压死压伤不少敌兵。但敌方遂即发现我方只有几个人，便重新组织进攻。此时的郑宗灶已不幸中弹，身负重伤。但仍坚守阵营，与战友用滚石抵御敌兵。压排上的垒石很快就用完了，他们就用手来推身边的垒石下山。万分危急中，郑宗社令郑周锡与王庆三两人先撤回村里报告，独自一人继续用石块与敌兵抵抗。终因失血过多晕倒过去，被敌兵残暴地砸死。

聆听田塘血战的慷慨悲歌，我们不免要沉入深思。什么是理想？什么是信仰？烈士的故事已经告诉了我们，无数先烈已经用生命和鲜血告诉了我们。

田塘头也叫棣桨头大队，建村已有255年的历史。除了是个革命老区，还是鹿城区唯一的说闽南话的乡村。早年，他们的先祖从平阳那边迁移过来，当时只有七户人家，故又名七个坦。村里人至今仍会以“平阳闽南话”交流。走在乡间小路上，听到当地乡民随兴而唱的闽南歌曲时，我们不惊感到惊奇。

土地面积四平方公里的田塘头村。现有239户876人。由田塘头、地基坟、高田、平降、四个山、苦竹降、岭脚七个自然村组成、居住着郑、苏、陈、蔡、王、吴、周、潘、李、林10个姓氏。

田塘头平均海拔500米以上。站在山顶俯瞰，满目翠绿，山山相连，峰峦起伏，林竹茂密之中，时闻百鸟欢鸣，层层梯田之间，常见白鹭嬉水。最引人入胜的还有后山的奇石险洞，正可谓上天的鬼斧神工，令人心醉神驰。为了便于人们观光，村里已开始开山造路，将近十多个景点连接在一起，逐步变成集红色旅游与避暑休闲于一体的市级旅游胜地，每年接待近两万人的周边地区民众。

田塘头村史典型的革命老区，同时也是鹿城区15个欠发达村之一。全村有200多户低保户。村集体经济在过去更可谓是一片空白。因地处偏远山区，加之文化水平相对偏低，人均可支配收入仅几百元。改革开放以来，在村两委的带领下，村干部掀起了一股“办实事、办大事、办好事”的工作热潮。他们积极摸索致富途径，走小农经济之路。通过村民的艰苦奋斗，近年来发生了巨大的变化。如今，村里已建起了公厕、亭廊与游泳池，还有一条长2000余米的水渠可供生活与农业生产。

自2000年起，鹿城区每年都组织企业与民众前来慰问，至今已募捐了近百万元扶贫款，极大地鼓舞了田塘头村人，村里人利用山林优势，大力发展畜牧业，为城里人提供本地鸡、田鱼、山羊等畜牧产品，革命老区的农副产品受到了市民的喜爱。村两委还鼓励在外工作的村民回乡搞建设，在全村人的艰苦奋斗下，田塘头村获得了两个文明的双三枚，被称为区级文明村。2005年，村人平均收入已达3000元，全村人走向了共同富裕的道路。

在进入21世纪以后，区委区政府十分注重田塘头村的新农村建设，他们派指导员下乡蹲点着力推进社会经济从内源式发展向开放型发展的转变。村里修建了机耕路，办起了养殖业，还在村里建立的高考奖学金，“一本”奖600元、“二本”奖500元等奖励措施，鼓励村里的青少年向更高的人生目标冲刺。区里还投资了170万元用于康庄建设，并从脱贫致富作为工作起点，以生态旅游促进乡村经济发展。随着瓯海大道与温福高速公路的建成与开通，温州西部的山区资源将进一步转变为经济优势，山区各项建设事业必将快步登上新台阶。

田塘头村距市区30公里，距西雁风景区20公里。自2004年实施康庄工程后，一条全长26公里的标准公路已贯穿整个岙底乡。交通便利带动了旅游休闲产业，数百年来，山区简单的生活方式已经令他们的心情平静如水，不像城里人那样有所骚动。自从田塘头革命纪念园建成以来，村里每天都见到许多外来人，无论你抱着怎样的目的或怀着怎样的热望，无论你给这里带来几多喧嚣与热闹或回去花费几多笔墨去大书特书这里的神秘与美丽，这里的人一概淡然处之，坦诚相待。世居在此的他们，可不怎么爱炫耀。淳朴的民风才是最美的风情。这里百户群居干干净净、井井有条。村内很难找到诸如废弃尼龙袋等现代垃圾痕迹，“环保”理念将促进这里的旅游业。

群山环抱之中，田塘头的山林资源也十分丰富。除常见的有松、杉、毛竹、木竹等植物，这里还开辟了1100亩的杜仲种植基地，以及梨、桃、杨梅等果树基地。二月梨花白如雪，三月桃花红似火。春天，正是到田塘头休闲度假的最佳时机。每到周末，古朴的村落里时见游人悠闲地散落在各个景点。

田塘头旅游景点可谓集旅游、度假、野外探险、瞻仰革命战斗故地为一体。而自然风光是西雁景区的延伸，其景观同样带有西雁山清水秀、潭多石奇的特点。汩汩溪水从绿林修竹之间流淌，奇岩深潭与白云相互映衬。“仙人读书岩”讲述了神仙悠然自得洒脱人间的故事。“迎君岩”演绎了一个忠贞妇女的爱情经典。沿山间小路上去，依次还可以欣赏到双峰石拱桥、仙人洗足滩、钓鱼台、鲨鱼潭等自然景观，每一处景点，几乎都有一个动人的故事。如今，田塘头已经成了城里人周末的好去处。许多到温州的旅游者都慕名而来，避开城市的喧嚣，携亲带友，在这恬静的山村来一番快乐的农家乐，与大自然作一番零距离的接触。

这是一方红色土地，更是一方充满希望的热土。红色的战斗史与独居一隅的浙南文化随着岁月流逝而日渐珍贵。脚踏着革命先烈当年的足迹，身处在这秀美的山水之间，看着勤劳朴实的田塘头村民，我相信这里的明天会更好。